我們的中國

我們的中國

思想地圖

李零

函關古道（任超 攝）

自序

人不可能涉於同一條河流，這是老生常談。每當我們一步步走進歷史，我們也就在一步步退出歷史。年紀越大，感覺越強烈。

《老子》說，為學日益，為道日損。我們學得越多，才越需要提煉。有人以為，基礎學科就是誰離開我都不行，我離開誰都行，一切都靠積沙成塔，一切都靠歸納法。這是光講前四個字。

歷史拼圖，仰賴考古，沒錯，但你真的以為，歷史可以全部挖出來嗎？我們的知識永遠漏洞百出，已知總是比不了未知。古文字，對象更具體，道理一樣。

人老了，精力不濟了，單槍匹馬，以全求大，那是自不量力。你就是課題費一大把，指揮千軍萬馬，照樣沒用。以小搏大，只能靠為道日損，學得越多越要損。

我的最後一個集子偏重地理思想，我叫「思想地圖」。地圖是讓人用眼睛看的，一山一水、一城一邑，很具體，這樣的東西也有思想嗎？思想也可以用地圖來表現嗎？這是個有趣的問題。

小時候，玩具蠱惑好奇心，讓我忍不住把它拆開來，一探究竟。然而拆開的零件散落一地，卻怎麼也裝不回去。Puzzle是一種智力遊戲。地理學家怎麼把自古及今無數人在大地行走的知識拼成一幅完整的地圖，這可不是容易事。

地理也有思想史。

歷史總是被不斷簡化。好的可能說得更好，壞的可能說得更壞。有美化，也有醜化，讓有科學訓練的歷史學家很不滿意。歷史學家說，這類歷史敘事是一種人為建構，要解構，要重構，細節復原，寧繁勿簡。

前些年，我介紹過一場「學術科索沃」的討論。貝格利教授的「解構永恆中國」說給我留下深刻印象。

今年是馬年，有兩個故事跟馬有關，立意正好相反。

一個故事是九方皋相馬，不辨牝牡驪黃。故事說的是，秦穆公有個相馬專家叫伯樂。伯樂老了，穆公問他，你能不能找個中意的孩子來接班。他說，我的孩子都不成器，我只能告他們一般的好馬長什麼樣，卻沒法告他們「天下之馬」長什麼樣。我有個朋友叫九方皋，他的本事比我大。穆公把九方皋請來，他也太不像話，居然連牝牡驪黃都分不清，穆公當然不悅。伯樂解釋說，這正是他比我高明的地方。「若皋之所見，天機也，得其精而忘其粗，在其內而忘其外。見其所見，不見其所不見。視其所視，而遺其所不視。」他的道理是，千里馬就是千里馬，關鍵是跑得快，這跟牝牡驪黃沒關係。他只關心馬之良駑，而不是性別與毛色。您還別說，九方皋發現的沙丘之馬，牽來一看，果然是千里馬。

另一個故事是公孫龍與孔穿的辯論。公孫龍以「白馬非馬論」著稱，他說「白馬為非馬者，言白所以名色，言馬所以名形也，色非形，形非色，今合以為物非也」，其言甚辯，於理則非。他的邏輯是，馬是共名，包括各種顏色的馬，但白馬不等於黃馬、黑馬，更不等於馬。這就像你到馬圈挑白馬，如果馬圈裡只有黑馬，沒有白馬，當然也就沒有你要挑的所謂馬。總之，天下只有白馬、黃馬、黑馬，沒有抽象的馬。公孫龍是趙國人。當年，他跟孔子的後代孔穿在趙平原君家辯論。孔穿說，「素聞先生高誼，願為弟子久，但不取先生以白馬為非馬耳，請去此術，則穿請為弟子」。公孫龍說，這我就沒法辦了。我之所以出名，全靠此術，你說你願拜我為師，卻要我先放棄此術，這豈不是說，你要先來教我，然後再當我的學生，世上有這個道理嗎。孔穿無言以對。

九方皋為了追求他心中的「天下之馬」，寧肯忽略馬的毛色。公孫龍為了解構抽象意義上的馬，卻把馬的毛色看得無比重要。

漢學家，也許應該說某些漢學家吧，因為籠統的漢學家，據說並不存在，他們對中國的理解真有意思。

夏根本沒有，只是中國人喜歡講的故事。

商周是瑞士奶酪，一小片，本來就不大，還滿是窟窿。

中國人是什麼?

定義：只有說Chinese的人才是Chinese。而Chinese language只等於漢語，只有漢族才說漢語。

推論：不說漢語的地區不屬於中國。

舉例：三星堆人會說安陽話嗎?肯定不會說。所以三星堆不屬於商。同樣道理，中國不包括四大邊疆。

結論：中國人說的中國都是虛構，國家主義的虛構，今後只有朝代史，沒有中國史。所謂中國史，其實是個混沌。

《莊子・應帝王》講過一個故事，跟解構有關：

> 南海之帝為儵（倏），北海之帝為忽，中央之帝為渾（混）沌。倏與忽時相與遇于混沌

> 之地，混沌待之甚善。倏與忽謀報混沌之德，曰：「人皆有七竅，以視聽食息，此獨無有，嘗試鑿之。」日鑿一竅，七日而混沌死。

倏、忽者，瞬息萬變也。混沌者，一成不變也。倏、忽南來北往，經常在混沌的地盤上碰面，受到混沌的熱情款待。混沌是個大肉球，沒鼻子沒眼睛，沒耳朵沒嘴巴，讓倏、忽好生著急。他們的回報，無異好心的謀殺。

大必專制，小必民主，這是古典偏見，也是現實偏見。

古人說，天下大勢，分久必合，合久必分。中國如此，世界如此。西洋史，分，希臘是典型；合，羅馬是典型。

古典時代，地中海沿岸有上千個城邦，到處都是這種由漁村放大的小國。柏拉圖說，這些城邦好像水塘邊圍一圈蛤蟆（〈斐多篇〉），很形象。但蛤蟆再多，長得全不一樣，也得有個共名吧？這個共名叫希臘。

羅馬帝國，塊頭很大，跟秦漢相似。他們也修長城。歐洲也有過大地域國家。

中世紀，羅馬帝國解體，好像五胡十六國，書不同文，車不同軌，一直到現在都合不起來。他們自豪的自治傳統，其實是以這種分裂局面為背景。中世紀，歐洲四分五裂，只能靠基督教統一歐洲。這種精神大一統難道就不專制嗎？

近代歐洲殖民世界，他們碰到的全是歷史悠久的大國。小國治大國，怎麼治，全靠橫切豎割，分而治之。中東北非，很多國家的邊界都跟刀切的一樣。

民主解構專制，這是現實版。

他們說，所有大帝國都應解體，所有落後國家的民族主義訴求，都是一種「想像的共同體」，哪怕左翼思想家都繞不出這個圈子。

過去，法國有個漫畫很形象，中國是塊大披薩，所有列強圍坐一圈，手拿刀叉，正把它切開來吃。列強說，所有大帝國都必須解體。解到什麼份上才合適？誰也不知道。從理論上講，只有分到一國一族、一語一教才合適。

兩次大戰，冷戰和後冷戰，世界被反覆解構，反覆重構，沒完沒了。

解構不僅是理論問題。

中國是個多民族國家，歷史上如此，現在也如此。王明珂說，「中國民族」與「中國少數民族」是什麼，學者有兩種解釋模式——「歷史實體論」與「近代建構論」（《羌在漢藏之間》前言）。他更傾向後者。因為近代建構，所以才要解構。

其實，中國的任何民族，無論漢族，還是少數民族，其內部都是千差萬別，歷史上都是千變萬化，認同與識別，不僅現在複雜，從來都複雜。

中國這麼大，這麼複雜，當然值得做深入細緻的研究。但是，「解構永恆中國」並不能取消歷史的中國和中國的歷史，這就像白馬黑馬，你分得再細，它也還是馬。

傳統中國真的就是從周代城邦到編戶齊民，從民主走向專制嗎？

現代中國真的就是拋棄歷史，完全按現代民族國家的身段量體裁衣重新訂製嗎？

予雖魯鈍，不敢同也。

二〇一四年十一月九日寫於北京藍旗營寓所

目錄

Contents

Contents

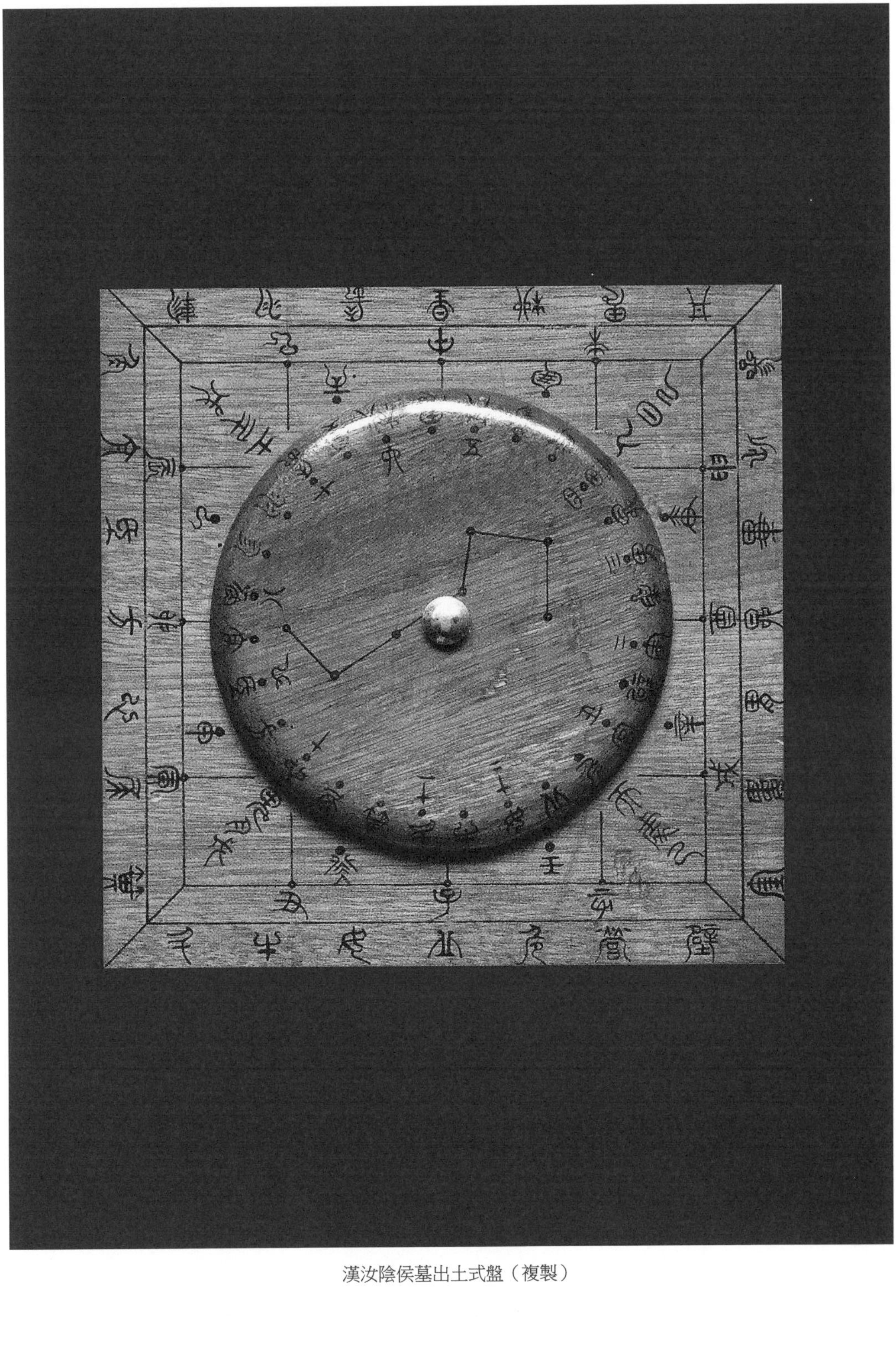

漢汝陰侯墓出土式盤（複製）

中國古代地理的大視野

中國早期的地理觀念，直觀性和整體性很強，給我留下深刻印象，這裡以「大視野」三字概之，講一點粗淺體會。

一、天地相應的概念

《易·繫辭下》：「仰則觀象于天，俯則觀法于地。」這個「俯」和「仰」關係很大。古人觀天，直觀印象是天作球形旋轉；而察地，直觀印象是地作平面延伸。前者同後者相切，只有半個球面可以讓立在地面上的人看到。所以他們把天看作覆碗，比喻成車蓋或穹廬；地看作方板，比喻成車廂或棋盤，叫「天覆地載」，所以「地」也叫「輿地」，「地圖」也叫「輿圖」（參《淮南子·原道》）。中國古代的天論（即宇宙模式）有所謂「三家」或「六家」，但早期真正流行的是「蓋天說」。「蓋天說」的「天」和「地」有一定矛盾，前者圓隆，後者方平，兩相扣合，四角不掩，但古人仍按投影關係把二者整合在同一坐標系內。例如古人模仿「蓋天說」做成的占卜工具——六壬式就是把天地做成磨盤的樣子：圓形的天盤是扣在方形的地盤上，沿著固定的軸旋轉，二者有對應的干支和星宿（出土古式天盤多作圓餅狀，但上海博物館藏六朝銅式的天盤是隆起的）。❶特別是《淮南子》的〈原道〉和〈天文〉還把天宇和地面同樣按九宮格來劃分，稱前者為「九天」，後者為「九野」。〈天文〉的「天有九野，地有九州」是抄《呂氏春秋．有始覽》。它以「九天」和「九野」相套，表示星野的概念，但並不是說「九天」等於「九野」，連方圓的差異都可忽略不計。過去，我讀《孫子．形》，不懂它講的「九天」「九地」是什麼意思，以為是九重天、九層地，後來才明白，它就是《淮南子》講的「九天」、「九野」，其實是平面概念。同樣，遁甲式的「九天」、「九地」也是這個意思。❷二者是對應安排。古人講地理雖可自成體系，但認識背景是天文，東西靠晝觀日影，南北靠夜觀極星。他們是在「天」的背景底下講「地」，所以「地」的總稱是「天下」。

二、四方和極至的概念

古人講天、地、人「三才」，人是介於天、地之間。但天是神的世界，地是人的世界。人與地比人與天關係更密切。古人講地理，從來都是人文地理。凡與「人」有關的活動（如農業、土木工程和軍事）多與「地」有關。例如古代兵家有個傳統，為將者要上知天文（明習式法、風角等術），下知地理。可是古代戰爭主要是在地面上進行，「地」的重要性自然比「天」大。《孫子．計》講廟算有「五事七計」，「天」、「地」皆在其中，但書中講「天」沒有專篇，講「地」則有〈行軍〉〈地形〉〈九地〉三篇，佔了很大篇幅。它所說的「地者，高下、廣陜（狹）、遠近、險易、死生也」（此據銀雀山竹簡本，今本無「高下」），其中除「死生」是兵家特有的概念，其他

❶ 參看拙作《中國方術考》，北京：人民中國出版社，一九九三年，八二—一六六頁。

❷ 參看拙作《《孫子》古本研究》，北京：北京大學出版社，一九九五年，三〇六—三一〇頁。

都是一般地理學所常用。「遠近」是長度，「廣狹」是寬度，「高下」和「險易」是高度和傾斜度。

如果撇開「天」不談，光說「地」。我們首先要注意的一個問題是，這個地是由兩條射線穿越觀察點作十字交叉，向四個方向作平面延伸（沒有曲率）。這兩條射線，古人叫「二繩」；四個方向，古人叫「四方」（方有旁、側之義）。與「四方」的概念配套，古人還把「四方」之間的平分線叫「四維」（「維」也是繩索之義），並把「四方」代表的方向叫「四正」，「四維」代表的方向叫「四隅」（「隅」是夾角之義），由此構成米字形的「四方八位」（現在也叫「四面八方」）。「四方八位」在世界上是一種普遍概念，不僅中國有，西方也有。例如美國西雅圖的街道名往往就是按「四方八位」來標識，即以它的市中心（downtown）為中宮，把周圍分成東、東南、南、西南、西、西北、北、東北八塊，組成一個九宮圖。中國古代講「四方」，最典型的圖式是「二繩四鈎」。[3]「四正」是由子午（南北向）和卯酉（東西向）「二繩」來表示，「四隅」是由「四鈎」，即東北、東南、

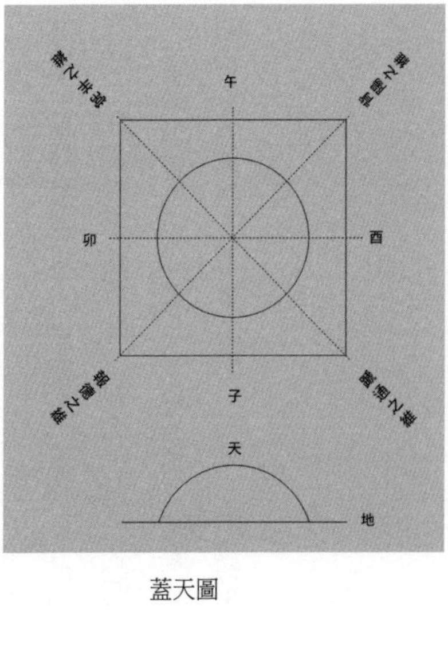

蓋天圖

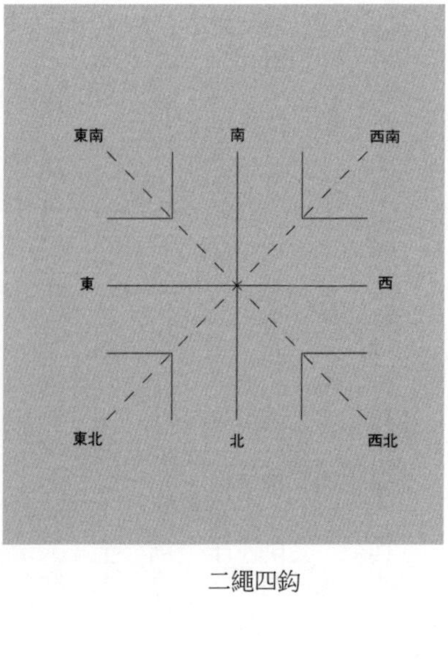

二繩四鈎

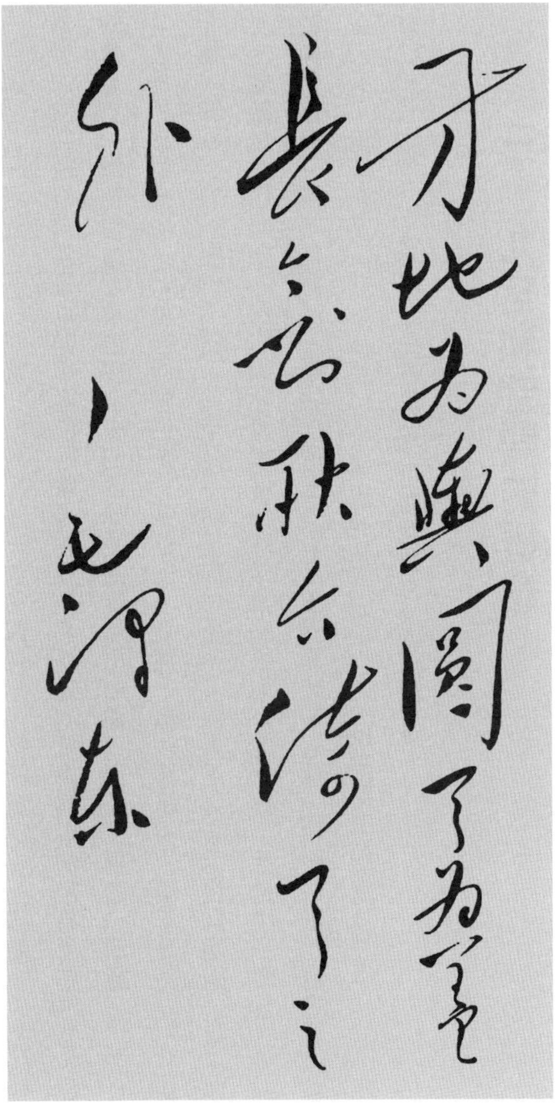

毛澤東書宋玉〈大言賦〉

毛澤東《念奴嬌·崑崙》：「安得倚天抽寶劍，把汝裁為三截。」典出宋玉〈大言賦〉。〈大言賦〉：「楚襄王與唐勒、景差、宋玉遊於陽雲之臺。王曰：『能為寡人大言者上座。』……至宋玉，曰：『方地為車（一作輿），圓天為蓋，長劍耿介，倚天之外。』……」（《古文苑》卷二）前兩句是說地像車廂，天像車廂上的傘蓋，後兩句是說北斗倚天，有如劍鋒。式盤，上為天盤，下為地盤，天盤正中有北斗，巡行二十八宿，就是模仿這種宇宙模式。

❸ 法國學者馬克（Marc Kalinowski）的〈馬王堆帛書〈刑德〉試探〉（《華學》第一期，廣州：中山大學出版社，一九九五年，八二—一一〇頁）把這種圖叫「鉤繩圖」。

西南、西北四個夾角來表示。

與「四方」的概念有關，古人還有許多與「四」字有關的地理概念，如「四郊」、「四野」、「四國」、「四土」、「四望」、「四陲」、「四封」、「四裔」、「四海」、「四荒」等等。這類概念的四個方向都是以觀察者的眼睛所在為中心。古人把觀察者的眼睛所在視為一種「極」（端的意思），而把他由近及遠望出去的眼界範圍視為另一種「極」，稱為「四極」，所以「四位」同時也是「五位」，「八位」同時也是「九位」。這種「極」跟電視上講李樂詩登「三極」（南極、北極、珠峰）的「極」不同，完全是平面上的「極」。古人用以表示視野範圍，除「四極」之外還有一個詞是「四至」。例如《左傳》僖公四年講「齊太公之命」，就是用「四至」表示征伐範圍，西周銅器銘文講土地訴訟也是用「四至」表示田界範圍。這種「四至」雖然總是講「東至於某，西至於某，南至於某，北至於某」，強調的是「四正」，但實際上卻常常是用立於「四隅」的「四封」（封土堆）來標識。也就是說是用四個角來卡定四條邊。

三、九宮和空間的概念

古人為什麼要講「天圓地方」？這個問題很值得研究。因為雖然「天圓」比較直觀，但「地方」卻不一定。人看到的地平線其實也是圓的，並沒折角。從道理上講，由二繩、四鈎標誌的地平面，我們既可以把它畫成方形，也可以把它畫成圓形。畫成圓形，可與天圖密合，沒有四角不掩的問題，本來更直觀也更方便，但古人為什麼還要把它理解成方形呢？我想這大概與視野的表現形式有關。熟悉繪畫的人都知道，我們的視野可以用焦點透視，也可以用散點透視。比如中國的山水畫

東南	南	西南
東	中	西
東北	北	西北

就有散點透視的傳統。我們觀天，因為是仰觀，視野比較開闊，焦點透視比較方便；但察地可就不一樣了，你立在地面上看，必然看不遠，看見的只是一小片，大面積的觀察，如果不藉助於抽象，只能一小片一小片往起拼，採用散點透視。焦點透視，只有一個十字坐標，視野是輻射狀的圓圖，其遠近距離和層次感是用同心圓，大圓圈套小圓圈來表現，而面積分割也是像切蛋糕那樣，作扇形分割，這在實際使用上是不大方便的。而散點透視就不一樣，一個十字坐標可以變成很多十字坐標，很多十字坐標也可以變成一個十字坐標，便於分割，便於拼接，也便於計算。它的特點是化線為塊，化圓為方。中國古代的方塊圖形是從上面講過的十字圖或米字圖發展而來。比如十字圖用塊圖代替線圖是「四方」加「中央」的五位圖，米字圖用塊圖代替線圖是「八位」加「中央」的九宮圖。後者包含前者，就是一種很典型的圖。例如鄒衍的「大小九州」，小九州是九宮圖，大九州也是九宮圖，內外都是九。還有《周禮》等古書講到的里制，它是以方里為基礎。古人說的方里和井田是一回事，它是由一井九頃之地構成的一個九宮圖，但方里以上有兩種拼聯法，一種是按四進制，也就是所謂井、邑、丘、甸、縣、都的制度；還有一種是十進制（即方一里等於一里見方，方十里等於十里見方，等等），則是所謂井、通、成、終、同、封、畿的制度。❹還有古書中的國野制和畿服制，古人也習慣於把它想像成大方塊套小方塊，而不是同心圓。所有這些考慮都是以「計里畫方」（語出胡渭《禹貢錐指》）為基礎，局部是「方」，整體也是「方」。它對土地面積的測量、計算

❹ 參看拙作〈中國古代居民組織的兩大類型及其不同來源〉，《文史》第二十八輯，北京：中華書局，一九八七年，五九—七五頁、〈西周金文中的土地制度〉，《學人》第二輯，南京：江蘇文藝出版社，一九九二年，二二四—二五六頁。

都很方便。例如《九章算術》頭一章就是講「方田」，它是以「方田術」作基礎來研究其他形狀的田，如「圭田」（等邊三角形）、「邪田」（直角三角形）、「箕田」（梯形）、「圓田」（圓形）、「宛田」（球冠形）、「弧田」（弓形）、「環田」（圓環形），有一整套化圓為方的計算方法。方形比圓形好計算，那是十分顯然的。中國古代的地面設計，不但田是方的，房子是方的，城郭是方的，計算土地面積的單位是方的，而且用以繪製地圖的網格也是方的（參裴秀「製圖六體」）。所以也就難怪古人要把地平面想像成一個大方塊。

四、山海的概念

《山海經》把地平面劃分為「山」、「海」兩大類，「海外」包「海內」，「海內」包「山」，「大荒」和「海外」意思相同。有人以為「山」就是指山地，「海」就是指海洋，其實並不準確。

因為第一，古人所說的「海」初義並不是「海洋」之「海」（即《說文》稱為「天池」的那種「海」）。在古書中，「海」訓晦（《釋名．釋水》、《廣雅．釋水》），本來是指「昏晦無所睹」（《尚書．考靈曜》）、「荒晦絕遠之地」（《荀子．王制》注），引申為「海洋」之「海」，只是因為古人觀海，極目遠眺，空闊無邊，正是這樣的荒遠之地。例如楚帛書「山川四海」就是把「海」寫成「晦」，《山海經．海外南經》「四海之內」，《淮南子．地形》引作「四極之內」。齊楚召陵之役，楚成王說「君處北海，寡人處南海」（《左傳》僖公四年），《爾雅．釋地》以四方蠻夷戎狄之地為「四海」，這些「海」就不是我們現在說的「海」。同樣，《山海經》的「海」，細讀原書可知，也不是我們現在說的「海」，而只是表示荒遠之地的概念。「海洋」之「海」，即百川所歸之「海」，古人多稱為「滄海」或「瀛海」，「滄」以象其色（字通「蒼」），「瀛」以狀其大。例如鄒衍講「大小九州」，環繞「小九州」有「裨海」（小海），環繞「大九州」有「大瀛海」（大海），就是這樣的「海」。當然，古人所說的「海」，既有親眼所見，也有推導而得。例如齊宣王、燕昭王和秦皇、漢武派人入海求仙的「海」主要是今天的渤海或黃海、日本海這一帶，而孫權派人入海求亶洲、夷洲的「海」則是今天的東海或南海一帶，再晚如法顯、鄭和等人的航海則更遠，還包括南至馬來群島，西抵非洲東岸的廣大海域。但中國早期文獻講的「海」主要是環繞中國大陸東部和南部的「海」，對其他兩面的「海」毫無所知。鄒衍設想的四面環繞大陸的「大瀛海」，西、北兩面都是按對稱原理推出來的。

第二，古人所說的「山」也不簡單就是山地，而是有兩重含義。一是與「海」（「海洋」的「海」）相對，代表大陸，就像古人把蓬萊、方丈、瀛洲三島叫「三神山」，是指高出海面的陸地部份。二是與「水」（河流）相對，像日月星辰代表「天」之「文」，它也是代表「地」之「理」。古人講「地理」（重點是內陸），主要是兩條，一條是「山」，一條是「水」，《禹貢》

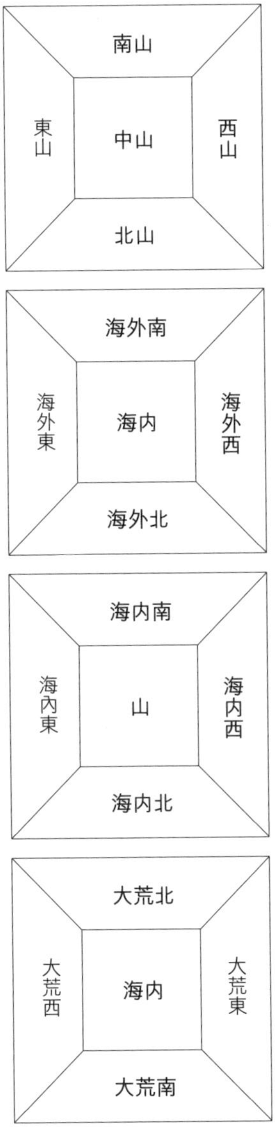

《山海經》示意圖

主水（〈河渠書〉、〈溝洫志〉、《水經注》亦側重於水），《山海經》主山，但講「山」必及於「水」，講「水」也必及於「山」。二者互為表裡，不僅可以反映地形的平面分佈，也涉及其立體的「高下」和「險易」。古人對「地」的認識雖然主要是平面概念，地表以下，他們因打井和採礦才略有涉及，知道的只是「黃泉」一類地下水和各種礦物，對地殼的構造不能深入了解。但地形分類的概念，古人還是很重視。例如《管子．地員》和《爾雅》的〈釋地〉、〈釋丘〉、〈釋山〉、〈釋水〉等篇就對高山、丘陵、原隰和川谷做了詳細分類，「山」者概其高，「水」者括其下，是一種提綱挈領的東西。另外，像《淮南子．天文》說「昔者共工與顓頊爭為帝，怒而觸不周之山，天柱折，地維絕。天傾西北，故日月星辰移焉；地不滿東南，故水潦塵埃歸焉」，還以神話形式生動表達出他們對中國大陸的總體印象（西北高而東南低，河水多東流注海）。

五、九州的概念

「九州」是古代華夏民族對中國大陸的「核心部份」，即其活動範圍的一種板塊劃分。這種劃分有雙重考慮，一是按山水走向把它劃分為九個不同的自然地理單元，二是按職貢朝服把它劃分為九個不同的行政區劃。「州」字，《說文》的解釋是「水中可居曰州，周繞其旁，从重川。昔堯遭洪水，民居水中高土，故曰九州」，《禹貢》講大禹治水有所謂「導九河」，「九州」就是配對於「九河」。這樣的「九州」應與九宮圖式的設計有關，但要把上述兩種考慮納入同一體系，並且嚴格按九宮圖來劃分，實際做不到，只能看作寓含這類設計的一種彈性網格。在古書中真正按九宮圖劃分「九州」的只有《淮南子．地形》，這種「九州」，名稱與《禹貢》不同，如果上應天星，則與「九野」的概念相同。

古人說的「九州」也叫「禹跡」，所謂「芒芒（茫茫）禹跡，畫為九州」（《左傳》襄公四年魏絳引〈虞人之箴〉）。「禹跡」這個詞，古書極為常見，不僅商人的後代追述其族源要說自己的祖先是住在「禹跡」（《詩．商頌．長發》），周人的後代也一樣（《詩．大雅．文王有聲》、《書．立政》和《逸周書．商誓》）。特別是春秋時期的銅器銘文如秦公簋和叔弓鎛也分別提到「禹跡」和「九州」，早為王國維所注意。他說：「舉此二器，知春秋之世東西二大國〔案：指齊、秦〕無不信禹為古之帝王，且先湯而有天下也」，批評疑古派「乃並堯、舜、禹之人物而亦疑之」在方法上有問題。❺

「禹跡」或「九州」，有出土發現為證，不僅絕不是戰國才有的概念，可以上溯於春秋時代，而且還藉商、周二族的史詩和書傳可以上溯到更早，顯然是一種「三代」相承的地理概念。這種地理概念是一種有彈性的概念，雖然夏、商、周或齊、秦等國，它們的活動中心或活動範圍很不一樣，但它們都說自己是住在「禹跡」，這點很值得注意。它說明「九州」的大小和界劃並不重要。並且從古文字材料，我們已經知道，古書所說的「雅」字，比如《詩經》中《大雅》、《小雅》的「雅」，本來都是寫成「夏」。❻可見「夏」不僅是一種地域狹小、為時短暫的國族之名，而且還成為後繼類似地域集團在文化上加以認同的典範，同時代表著典雅和正統（雅可訓正），與代表「野蠻」的「夷」這個概念形成對照，為古代「文明」的代名詞。春秋時代，中原諸夏強調「尊王攘

❺ 王國維《古史新證》第一、二章，收入《古史辨》，上海：上海古籍出版社，一九八二年，第一冊，二六四—二六七頁。

❻ 古書「夏」字和「雅」字通假的例子很多，如《荀子．榮辱》「譬之越人安越，楚人安楚，君子安雅」，同書〈儒效〉有類似語句，作「居楚而楚，居越而越，居夏而夏」，《左傳》中齊國的公孫灶字「子雅」，《韓非子．外儲說右上》作「子夏」。

夷」，使「夷夏」的概念更加深入人心。在這方面，秦是一個好例子。這個國家，不但其貴族本來和山東境內或淮水流域的夷人是一家，而且族眾也是西戎土著，一直到戰國中期的秦孝公時仍很落後，「僻在雍州，不與中國之會盟，夷翟遇之」（《史記．秦本紀》），但有趣的是，就連他們也是以「夏」自居。證據有二，一是上面提到的秦公簋，二是睡虎地秦簡《法律答問》。後者涉及秦的歸化制度（即現在的移民法），規定秦的原住民叫「夏」，歸化民叫「真」，只有母親是秦人，孩子才算「夏子」，如果母親不是秦人或出生於外國則只能叫「真」不能叫「夏」。所以「九州」不僅是一種地理概念，也是一種文化概念。

六、中軸線的概念

這個問題主要與城市規劃有關。古代城邑聚落的分佈，本來是一種自然發展的過程，往往都是沿山川道路的走向作點線延伸，初疏而後密；城市本身的規劃，也不見得都是事先設計好的，完全像〈考工記〉所述，九經九緯十二門，四四方方，整整齊齊。但在古人的心目中，這種非盡人為、不盡整齊的背後還是有四方、九宮一類的考慮隱為其樞。中軸線的概念就是這種考慮的體現。

中軸線，從表面看也就是確定城市基址的一條南北線，即「二繩」中的子午線，但實際上卻是代表整個城市坐標的一個「大十字」。只不過它是先把南北基線定下來，才在這條基線上截取一點（可能偏北偏南，不一定正好是平分點），作為城市中心，在那裡建宮城一類中心建築。古人重「面背」勝於「左右」，所以總是先南北（即「面背」）而後東西（即「左右」）（案：中國古代常以面南背北、左東右西為正）。中國現代城市有時是以一個十字形大街為中心向外拓展，把

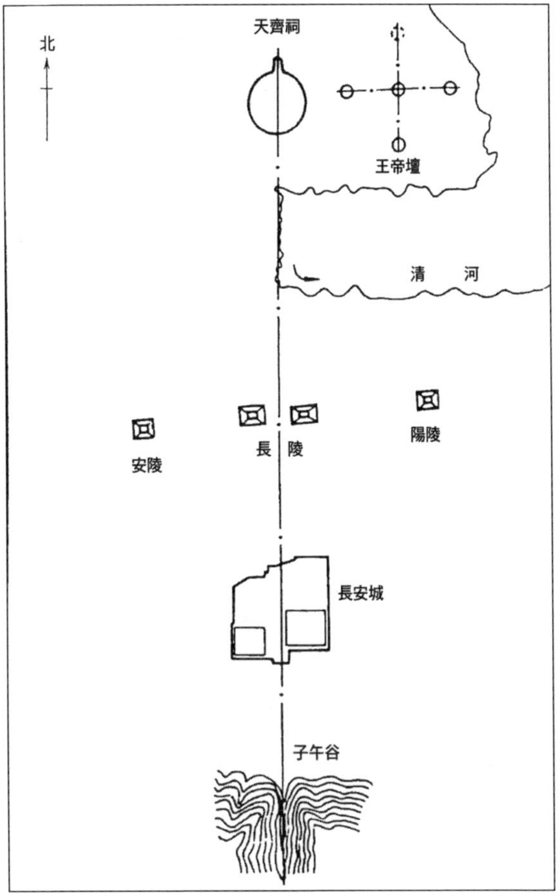

漢長安城中軸線

這種大街叫「大十字」，如西寧（甚至很多小村子，比如我的家鄉，都有這樣的中心，也叫「十字」）。古代城市也有類似設計，但不一定有明顯的卯酉線，即穿越中心點的東西大道。現在講中軸線，大家都拿北京當範例。北京的中軸線是起正陽門或永定門，穿天安門和故宮，直抵鼓樓。最近發表的材料還表明，漢長安城也有一條大中軸線，穿越長安城，向南向北延伸，南起子午谷，北抵天齊祠，全長七十四公里。據研究者推測，它甚至可能與更大範圍的空間坐標有關。❼可見這類設計早已有之。《書·召誥》講周公營建洛邑，有「相宅」、「卜宅」和「攻位」等程序，我懷疑，書中的「攻位」就是屬於確定基線。

古代的國都規劃體現的是「四方之極」（《詩·商頌·殷武》），❽「四方之極」的「極」也就

❼ 秦建明、張在明、楊政〈陝西發現以漢長安城為中心的西漢南北向超長建築基線〉，《文物》一九九五年第三期，四—一五頁。

❽ 參看唐曉峰、齊慕實〈《四方之極》一書簡介〉，《中國歷史研究動態》一九八四年第二期，二七—三〇頁。

是東、西、南、北、中的「中」。古人認為國都（古代叫「國」）同時也是國土（古代叫「邦」）之「中」，外面不僅有四郊、四野，還有四土、四方，本身就是一個「大十字」的中點。例如《史記．周本紀》講周公營建洛邑，他曾說「此天下之中，四方入貢道里均」（猶西語所謂「條條大路通羅馬」）；出土西周銅器何尊的銘文也說，早在周人克商之初，武王就已打算營建洛邑，說是「余其宅茲中國，自之乂民」（何尊銘文）〔案：古代「邦」是國家，「國」是首都，漢以來改「邦」為「國」造成混亂，但「中國」是本來的叫法。它不是「中央國家」的意思，而只是「中心城市」的意思，和「天下之中」是同義語〕。可見在古人看來，這種中軸線，它所代表的不僅是城市本身的坐標，也是整個國土的坐標，城裡邊的「大十字」同時也是城外邊的「大十字」。

七、古代帝王的「周行天下」

上面說的「地理大視野」，並不是閉門造車，而是結合實地考察、地志記錄和輿圖繪製，靠人「跑」出來的。我們在上面講過，它不是通過一個點來認識，而是通過很多點來認識。人們是帶著眼睛到處跑或集合很多人的眼睛，才拼出全景。中國古代的旅行，最簡單的一種是靠步履，如相傳大禹治水就是靠步行。他的步法很特別，據說因為「三過家門而不入」，過於辛苦和勞累，造成「四肢不用家大亂」（見馬王堆帛書《養生方》），不但性功能出了障礙，而且走起路來像個瘸子。後世的方士還專門學他這種步法，叫「禹步」或「步罡」。他腳丫子走過的地方，也像好萊塢影星踩下的腳印，金貴得很，上面已經提到，是叫「禹跡」。還有是靠車馬舟楫，例如《穆天子傳》講周穆王駕八駿，北絕流沙，西登崑崙，就是靠車馬；而齊威、宣以來的航海則是靠舟楫。據出土發現，至少商代已有車馬，秦代已有大船。所以無論陸地還是海洋，古人都能走得很遠。

古代旅行，很可注意的是帝王的旅行。這樣的「周行天下」，從穆王西遊、昭王南征，到秦皇、漢武的巡遊，以至於乾隆下江南等等，都不是兜風解悶尋開心，而是和國土控御有關。中國的「大一統」很有傳統，在行政效率不足的古代，控制廣大地面得有特殊辦法，君王視察是重要一著。他們的巡狩不光是「檢查工作」，還往往登名山、涉大川，在山頭水邊祭祀，叫「望祭」。比如《山海經》裡面的那些祭祀（用牲牢圭璧沉埋等等）就是屬於「望祭」。而「望祭」中，祭山比祭水更重要。名山是國土「四望」中的制高點，可以讓人有一種「登臨出世」、「與天齊一」的感覺。古人把在名山上築壇祭天和在名山下除地祭地叫「封禪」，《史記》的〈封禪書〉就是以講這類活動為主，並包括比五嶽封禪範圍更大的海外尋仙，以及比五嶽封禪範圍更小的郊祀。海外尋仙，不光是求仙訪藥，還是為了發現「新大陸」或「新邊疆」（這等於那時的「地理大發現」或登月探險），從李少君的話可知，其實是擴大了的封禪。這是最大的一圈，其次一圈是五嶽封禪，再次一圈是郊祀。古代的海外尋仙有三次浪潮，第一次是戰國中期以來齊、燕等國的尋仙，第二次是秦始皇時代的尋仙，第三次是漢武帝時代的尋仙。漢武帝以後，這種海外尋仙才開始衰落，到孫權派人尋仙已是尾聲。李白說「海客談瀛洲，煙濤微茫信難求。越人語天姥，雲霓明滅或可睹」（〈夢遊天姥吟留別〉），「五嶽尋仙不辭遠，一生好入名山遊」（〈廬山謠寄盧侍御虛舟〉），魏晉以來，人們對入海求仙已失去信心，覺得虛無縹緲，不如「山」來得近便，所以大家一股腦全改入山求仙。比如葛洪的《抱朴子》就是老講入山的各種要領，如何避鬼魅，如何防虎狼，如何忍飢渴等等。漢代的郊祀很有意思，本來的郊祀，比如載籍所謂的先秦古制只是在城郊附近祭祀，但漢武帝時，他的地盤太大，首都也跟著膨脹，長安城外的三輔比現在連郊區縣在內的整個北京市還大，他祭天（太一）要西北行，爬黃土高坡，去今陝西淳化縣的甘泉宮，祭地（后土）要東渡黃河到今山西萬榮縣的汾陰后土祠，祭五帝和陳寶要西行到今陝西鳳翔、寶雞一帶，活動半徑將近兩百公里。漢武帝死後，皇帝都懶了，於是不斷有人倡議恢復古制，停止這種遠距離的郊祀。結果時罷時復，直到漢平帝時才由王莽建議徹底廢除。從此不但海外尋仙不再吃香，五嶽封禪少有人跑，就連原來的郊祀範圍也被大大縮小，最後只剩下類似明清天、地壇的那種郊祀，古代帝王「周行天下」的精神早已蕩然無存〔案：每個朝代只有盛世的皇帝才愛到處亂跑〕。

八、絕域之行

古代長距離、大範圍的旅行，除帝王外，還有帝王派出的使者、貿易商旅和求法僧人（和尚比道士跑得遠），遠遠超出國土之外。中國古代的域外探險範圍很大，過去大家習慣說中國人的特點就是喜歡封閉，吃虧就吃虧在不航海。這個印象本身就是一個「海外奇談」。其實，至少在地理大發現以前，我們的域外探險還是很發達。比如《穆天子傳》，即使作戰國文獻看，眼界已經很廣，後來張騫、班超、法顯、玄奘等人也跑過很多地方，幾乎整個亞洲大陸都被穿行，西邊已接近南歐。而航海，我們也起步很早，戰國時代已很發達，它的範圍不僅包括現在的整個中國海域，早就到達朝鮮、琉球、台灣一帶，而且還向南到達馬來群島、東南亞、印度和非洲東岸，除好望角以西，中國海以東，還有南邊的大洋洲，也是該去的地方都去了。眼界範圍包括一大洲兩大洋，一點也不比同時的西方遜色。[9]

九、中國古代地理思維中的模式化傾向

從上述（一）至（六）條，我們不難看出，中國古代的地理思維有一種傾向，這就是它總喜歡把事實上邊緣很不整齊、內部差異很大的東西塞進一種方方正正，具有幾何對稱性的圖案之中。這很容易使人感覺好像削足適履，勉強得很。但我理解，古人的頭腦還不至如此簡單，連真實的東西和模式化的東西都分不清。實際上，他們的做法只是想用一種抽象的東西來化簡差異，控制變化，使其直觀性和整體性能夠統一起來。所以儘管古人在心裡揣著不少理想設計，但在實際操作上還是該怎麼辦就怎麼辦，並不會把二者等同起來。

總之一句話，中國人不僅會「跑」而且會「想」。

一九九五年十月十日寫於北京薊門里

補記：

漢長安城大體位於渭水流域中段，正好在北上榆林、南下安康的交通要道上，秦建明等學者所說「陝西發現以漢長城為中心的西漢南北向超長建築基線」與城市選址有關，恐怕還不是城市佈局的中軸線。

（原載《九州》第一輯，北京：中國環境科學出版社，一九九七年）

⑨ 參看中國科學院自然科學史研究所地學史組《中國古代地理學史》，北京：科學出版社，一九八四年，第十章〈邊疆和域外地理的考察研究〉；章巽《我國古代的海上交通》，北京：商務印書館，一九八六年。

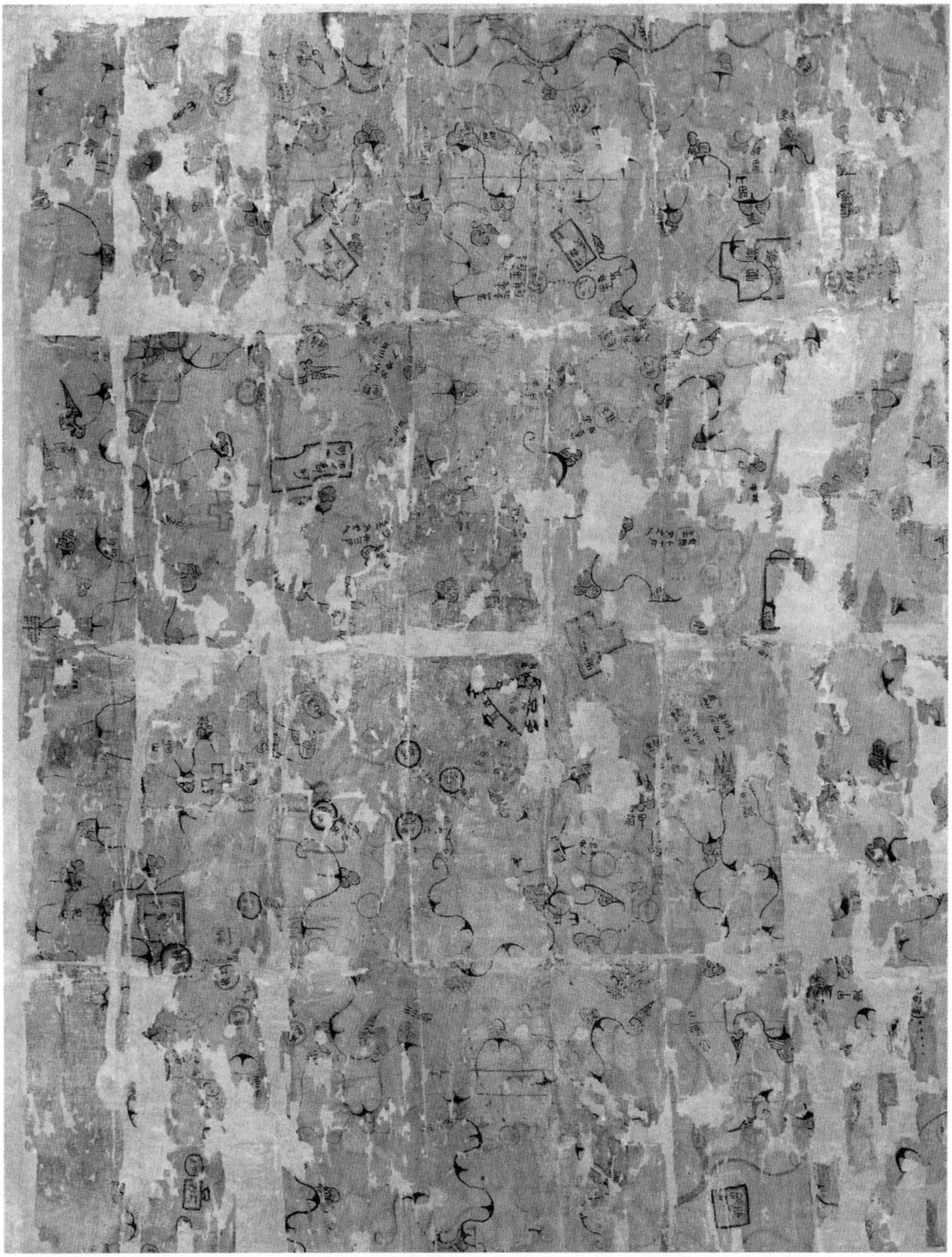

馬王堆地圖：上南下北

說早期地圖的方向

一

古人用圖畫表現空間概念，總是離不開方向。天圖有天圖的方向，地圖有地圖的方向，山陵原野，江河湖海，城郭宮室，田畝葬地，凡有空間概念要用圖來表達，差不多都有方向問題。

方向的問題表面上是外在於人，有固定標準，但實際上卻是隨觀察者的眼睛隨時變化。「天」的方向是相對於「地」，「地」的方向是相對於「人」。「人」仰觀俯察而有「上下」，面向背對而有「前後」，「左右」也是以雙手而定。「南北東西」雖然是固定的，畫在圖上，好像與人無關，但這個圖怎麼擺，是「上南下北」還是「上北下南」，「上東下西」還是「上西下東」，這和「人」還是分不開（比如「北」字本身就是表示人背對的方向，「敗北」也是指掉轉頭朝背對的方向逃跑）。⑩

---

⑩ 「東」字，《說文解字》引官溥說謂「從木在日中」，一般學者都認為是表示日之所出。「西」字，《說文解字》以為象日落之後鳥棲於巢，或體作「棲」（原從木從妻）。但從古文字材料看，「西」字並非鳥巢的象形字，而是「妻」字所從，象女子束髮之笄（西、妻、笄三字古音相近），用為方向乃是假借字。「南」字，《說文解字》以南方為夏位，當夏之時草木枝葉繁茂，稱為「有枝任」。「任」是長養之義，南、任古音相近，也是用音訓為說，但從古文字字形看，我們還不大明白南字的本義到底是什麼意思。「北」字，《說文解字》以為象二人相背，實即「背」的本字。這四個字，東字和北字含義最明確，西字和南字大概是假借字。

古代的圖，凡與「天」有關，即以星象表現或與星象有關的圖，其方向都是相對於「地」，是像式盤表現的那樣，地在下不動，天在上旋轉。要講「天」的方向，只能是「天」在某一時刻相對於「地」的方向。古人雖然晝觀日影，夜觀極星，用這類天象標誌「地」的方向。但斗轉星回，整個天宇相對於地面的位置並不固定，很難用靜止的方向來表達，古人往往要把它表現為旋轉狀，寓動於靜。例如曾侯乙墓出土的漆箱蓋，畫面中心為北斗，內圈是青龍白虎，頭尾相接，作左旋排列；外圈是二十八宿，作右旋排列，就是一種旋轉的圖。整個圖從哪個方向看都可以。還有楚帛書，其中心是上下顛倒的兩篇文字，閱讀時必須左旋或右旋；周邊十二短章（分別講一年十二月每個月的宜忌，每個短章各附該月值神）是按左旋排列，四隅神樹則作右旋排列。這很明顯也是按旋轉的方式來設計。過去學者一定要講它是「上北下南」或「上南下北」，爭得不亦樂乎。後來我們從經緯線看，其畫幅延伸和大家的想像全然不同，原來是按上春下秋、左冬右夏書寫，如果一定要講方向，反而是屬於「上東下西」。[11]現已發現的早期星圖（如洛陽卜千秋墓和西安交大壁畫墓的星圖）和從星圖派生而被我們稱之為「式圖」（即式盤上的圖式），[12]以及從「式圖」衍生而與「式圖」相似的很多數術書的插圖，其設計也多半如此。

古代的方向，嚴格講起來，主要還是和「地」有關。這種學問，現在屬地理學，但在古代卻是和看風水的學問在一起，和相法的概念分不開。例如《漢書·藝文志·數術略》分六類，其最後一類叫「形法」，就是講這類學問（其中包括《山海經》），它是以「大舉九州之勢以立城郭室舍，形人及六畜骨法之度數，器物之形容，以求其聲氣貴賤吉凶」為特點，所謂「九州之勢」是山川形勢，就是講地理。城郭室舍的「形法」，人畜器物的「形法」，和九州山川的「形法」是一個道理。這同我們現在的理解是不太一樣的。

由於這些原因，研究古代地理，閱讀古代地圖，數術之書和數術之書的插圖，有時也是必要的參考。

二

古代地圖的方向，從可能性講，本來應當有四種，即「上南下北」、「上北下南」，「上東下西」、「上西下東」，或者再加上兼包四種的「旋轉式」，一共有五種。現代地圖是以「上北下南」為正，這不完全是從西方傳入。因為中國古代的地圖，從碑圖實物考察，唐代以來也是以「上北下南」為主流。過去一般都認為，中國的地圖傳統是以「上北下南」為特點，但後來地下出土了許多早期的地圖和數術書的插圖，情況並不如此。例如平山中山王墓出土的《兆域圖》，馬王堆漢墓出土的《地形圖》、《駐軍圖》、《禹藏圖》和《陰陽五形》的插圖等等，它們就都是以「上南下北」為正。這使很多學者的思路來了個一百八十度，大家又轉而相信，中國早期的地圖是以「上南下北」為特點。[13]

中國古代方向有「上南下北」一說，嚴格講，這並不是一個新發現。因為「上下」的概念一直是與「面背」有關。中國的建築，無論房屋還是城郭，一向都是以面南背北即背陰向陽為正（這和中國所處緯度範圍內的採光條件有關）。讀西周冊命金文，我們常常可以碰到王「各（格）於某

⑪ 李零〈楚帛書的再認識〉，《中國文化》第十期（一九九四年八月），四二—六二頁。
⑫ 李零《中國方術考》，北京：人民中國出版社，一九九三年，八二—八三頁。
⑬ 李零《中國方術考》，北京：人民中國出版社，一九九三年，一二五—一三〇頁。

廟或某室，南鄉（向）」，受命官員「入門，即立（位），立中廷，北鄉（向）」一類話，古書也把天子端坐廟堂，南面聽朝，叫「君人南面之術」，而臣民朝見君王，臉要對著北面，則叫「北面事之」。這其實就是屬於「上南下北」。同樣，明清北京城，「前門」（正陽門）在南，「後門」（鐘鼓樓一帶）在北，左安門在東，右安門在西，方位概念也是一樣（崇文門、文華殿在中軸線以東，宣武門、武英殿在中軸線以西，按「左文右武」的說法，也是屬於「左東右西」）。

三

不過，儘管「上南下北」在古代一直是個很有影響的傳統，很多戰國秦漢時期的出土物也證實，早期地圖確有不少都是採用這一方向，但是我們卻不能認為這是早期地圖的唯一方向；或中國地圖的傳統是前後兩截，早期是「上南下北」，晚期是「上北下南」。在《中國方術考》中，我們曾舉放馬灘秦墓M1出土的古地圖為例，說明情況也有例外（一二六—一二九頁）。這件地圖，據已故地圖史專家曹婉如先生考證，就是以「上北下南」為正。[14]這裡不妨再舉幾個例子，它們都是從數術書和數術類的文物中挑出來的：

（一）睡虎地秦簡《日書》甲種和乙種的《視羅圖》

睡虎地秦簡《日書》中的圖都是書的插圖。這兩幅圖也是如此，它們都是〈視羅〉篇的插圖。兩圖圖式相同，但乙本比甲本更完整、更準確。乙本《視羅圖》是用縱三橫三六條線把一個方形分割為十六塊（簡二〇六—二一八：貳），中間四格，外圈十二格，然後自內向外在各個空格內依次填注四時十二月。狀如螺殼旋轉。原書所說「視羅」也許就是指這種螺旋排列（「羅」可讀為「螺」）：

(1)「正月」至「三月」（春三月）。屬東方，從中間四格左下角的「寅」位開始，右旋至右上角的「辰」位，「東方」標在外圈左邊四格的第二格（「十二月」後，「正月」前）。

(2)「四月」至「六月」（夏三月）。屬南方，從中間四格左上角的「巳」位開始，依次進入外圈的「午」位，然後左旋至「未」位，「南方」標在外圈上邊四格的第二格（「六月」後）。

(3)「七月」至「九月」（秋三月）。屬西方，從「申」位開始，左旋至「戌」位，「西方」標在外圈右邊四格的第二格（「八月」後）。

(4)「十月」至「十二月」。屬北方，從「亥」位開始，左旋至「丑」位，「北方」標在外圈下邊四格的第二格（「十月」後）。

八月 酉		九月 戌	十月 亥
七月 申	三月 辰	二月 卯	
	四月 巳	正月 寅	二月 子
六月 未	五月 午	十二月 丑	

1

未六月	方南	申七月	酉八月
午五月	巳四月	辰三月	西方
东方	寅正月	卯二月	戌九月
丑十二月	子十一月	方北	亥十月

2

《視羅圖》（睡虎地秦簡）
1.甲本所附；2.乙本所附

對比乙本，我們不難發現，甲本《視羅圖》（簡八三—九〇背）和它屬於同樣的圖式。只不過甲本有省略和錯誤，一是漏畫三條縱線的中間一條線（也有可能是畫在兩簡之間，因在簡邊而泐損），二是相當於「東

⑭ 曹婉如〈有關天水放馬灘秦墓出土地圖的幾個問題〉，《文物》一九八九年第十二期，七八—八五頁。

方」、「南方」、「西方」、「北方」的四格皆空白不書，三是「丑」位應與右邊的空格互換。這兩幅圖，功用相同，形式相似，但方向並不一樣，甲本作「上西下東」，乙本作「上南下北」。

（二）睡虎地秦簡《日書》甲種的《置室門圖》

這幅圖是〈直（置）室門〉篇的插圖，畫面表現的是一個東西窄而南北長的大宅院，院子四面有很多門。篇題「直（置）室門」，「置」是安置之義，「室門」即圖中之門，意思是按方位吉凶起蓋或翻修「室門」。其閱讀順序，根據簡文所述，是作：

(1) 南面。有六座門，從右到左依次為：寡門、倉門、南門、辟門、大伍門、則光門。

(2) 西面。有五座門，從下到上依次為：屈門、大吉門、失行門、雲門、不周門。

(3) 北面。有六座門，從左到右依次為：食過門、曲門、北門、雎（鵲）門、起門、徙門。

(4) 東面。有五座門，從上到下依次為：刑門、獲門、東門、貨門、高門。

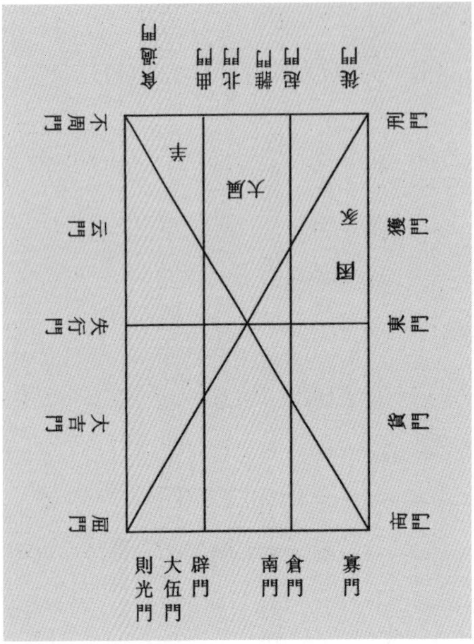

《置室門圖》（睡虎地秦簡）

院子裡面，根據文字題記，北面是一大殿，大殿左後方是一羊圈，右面是一豬圈，豬圈前邊是一圓形糧倉。其南北兩面由兩條縱線來分割，一條連接曲門與辟門，一條連接起門與倉門，北門在沒有畫出的子午線的西側，南門在沒有畫出的子午線的東側；東西兩面由卯酉線來分割，西門叫「失行門」，就是由這條線與東門相連。另外，還有兩條線是用來連接四隅。

圖中的二十二門，吉凶宜忌，各有所主，應是起蓋或翻修室門可供選擇的方位，而不一定真有這麼多的門。劉樂賢先生指出，「可以肯定這是一篇古代的相宅書，而且是專相門的」。[15]傳世相宅之書，如《黃帝宅經》，其所附圖式（除以八卦定位，幾乎全同「式圖」）往往是取「上南下北」之勢，但此圖北門在上（偏西），南門在下（偏東），東門在左（正西），西門（失行門）在右（正東），卻是作「上北下南」。

（三）馬王堆帛書《避兵圖》和曹氏朱符中的「太一鋒」

馬王堆帛書《避兵圖》是起避兵符作用的圖畫。畫幅上方的「大」字人形，有文字題記為證，應即太一神；中間的四個神像是避兵之神，文字題記稱為「武弟子」；下面三條龍，一條是黃龍，一條是青龍，一條是黃首青身龍。我們認為，此圖主題是「一神三龍」，它們就是《史記・封禪書》提到的「太一鋒」。「大」字人形代表的是《史記・天官書》開頭講的「太一」，「三龍」則是〈天官書〉在「太一」後面講的「前列直（值）斗口三星，隨北端兌（銳），若見若不」的「天一」。[16]據李學勤先生考證，同樣主題也見於湖北荊門車橋出土的「兵避太歲」戈。[17]

[15] 劉樂賢《睡虎地秦簡日書研究》，台北：文津出版社，一九九四年，一五一頁。

[16] 李零〈馬王堆漢墓「神祇圖」應屬辟兵圖〉，《考古》一九九一年第十期，九四〇—九四二頁；李零〈湖北荊門「兵避太歲」戈〉，《文物天地》一九九二年第三期，二二—二五頁；Li Ling, "An archaeological study of Taiyi (Grand One) worship," *Early Medieval China*, vol.2 (1995-1996), pp.1-39。

[17] 李學勤〈「兵避太歲」戈新證〉，《江漢考古》一九九一年第二期，三五—三九頁。

《避兵圖》（馬王堆帛書）

在陝西戶縣朱家堡漢墓出土的解謫瓶上，我們也發現了性質相同的符書，形狀如拉丁字母Y字形，並在Y字形的叉口內標注「大天一」三字，用指「大（太）一」和「天一」。王育成先生早已指出，這種用點線表現的符書，從符書的傳統看應是代表星象，即《漢書·郊祀志》所說「一星在前，三星在後」的「太一鋒」。⑱

比較《避兵圖》和上述符書中的「太一鋒」，我們不難發現，兩者也是可以互證的同類之物，但前者是作倒Y字形，和後者正好相反。可見這樣的符書並沒有固定的方向。過去，有些學者以為這樣的圖是「上北下南」或「上南下北」，現在看來是求之過深。⑲

四

古代方向，追根溯源，都是以視覺角度而定。遠的不說，光是中國境內的北方草原地區，就有不少這方面的例子。如《史記·匈奴列傳》講匈奴，除與中原相似的背北面南之俗，還有坐西朝東的習慣（如其「右方」在西，「左方」在東，「單于朝出營，拜日之始生，夕拜月。其坐，長左而北鄉」）。其墓葬之序的排列，墓前石人、鹿石的面向，從出土發現看，也多半是朝東。還有與匈奴的傳統有關，年代相當於唐代的古突厥碑銘也經常講到其國土四至和鄰國方位，如：⑳

(1)暾欲谷碑：「英明的暾欲谷－裴羅莫賀達干同頡跌利施可汗一起，南邊把中國人，東邊把契丹人，北邊把烏古斯人殺死了很多很多」（西六－七行），「我不知道到底有兩千還是三千支軍隊東面來自契丹，南面來自中國，西面來自西突厥，北面來自烏古斯」（南七行），「……南邊的人民及西邊、北邊、東邊的人民都來〔臣服〕了」（南十行）。

(2)闕特勤碑：「前面（東面）到日出，右面（南面）到日中，後面（西面）到日落，左面（北面）到夜半，四至範圍內的人民全都臣附於我」（南二行），「我曾前（東）征山東平原，幾乎達到海〔濱〕。我曾右（南）征九姓焉耆，幾乎達到吐番。並且後（西）征珍珠河外的鐵門，左（北）征拔野古的領土」（南三行），「為了中國人的利益，他們曾征伐位於日出之方的莫離可汗的領土，並且西至於鐵門」（東八行），「……北面對付烏古斯人民，東面對付契丹人和奚人，南面對付中國人……」（東二十八行）。……

(3)毗伽可汗碑：「我使見所未見、聞所未聞的〔意為無數的〕人民〔住在〕東到日出，南到（中國？），西到……」（北十一行）。

(4)翁金碑：「突厥人民〔曾征服過〕東到日出，西到日落，南到中國，北到山林……」（前

---

⑱ 王育成〈東漢道符釋例〉，《考古學報》一九九一年第一期，四五－五六頁。

⑲ 參看李零〈馬王堆漢墓「神祇圖」應屬辟兵圖〉，以及李家浩〈論《太一避兵圖》〉（收入《國學研究》第一卷，北京：北京大學出版社，一九九三年）文。

⑳ 下面的譯文是據林幹《突厥史》，呼和浩特：內蒙古人民出版社，一九八八年，二四一－二八六頁。

二行）。

其方位概念是以「日出」之方即東方為前，「日落」之方即西方為後，「日中」之方即南方為右，「夜半」之方即北方為左，即以「上東下西，左北右南」為正。契丹在東，當其前；中國在南，當其右；西突厥在西，當其後；烏古斯在北，當其左。其方位概念正與匈奴的傳統相合。[21]契丹系統的遼也是如此，其建築往往都是坐西朝東。

五

古代方位概念的多樣性不僅見於早期，晚期也如此。

例如唐曉峰先生在其考證梵蒂岡收藏的一幅中國清代長城圖時就已發現，這幅地圖有兩個特點，一是其「圖面基本是上南下北，但因長城總是橫貫畫面，故寧夏一段約為上東下西」（即採取了化曲為直的近似畫法）；二是其觀圖方向「好像是站在塞外向塞內看」，畫面於城外夷人「衣服狀貌風俗生活」描寫極為詳盡，而城內則全無一人。他說「這在為數不少的九邊長城圖中很是罕見。不過從《事林廣記》北宋東京城圖，自城外向城內看的畫法，以及《西域水道記》的上南下北的方向來看，方向問題在古人做圖時本不是嚴格的」。[22]

還有，近來李孝聰先生也討論過中國古代地圖方向的「靈活性」。[23]他指出「中國地圖採用不同的方位，是中國製圖工匠從使用目的出發的方位觀」。例如他以中國傳統的海圖為例，講到完全相反的兩種方位。一種以長卷式《鄭和航海圖》或《七省沿海圖》為代表，地圖的具體方位從不固定，是隨圖卷展開，不斷變換，但不管方向怎麼變，陸地總在畫卷上方（類似上述長城圖的畫法），因為船在海上，是取自海觀陸之勢。另一種是沿海各省區的海防軍事營汛圖，因為重在海防，則多取自陸觀海之勢。「前者似主要服務於沿海岸航行的船隻，後者則用於在陸地駐防的軍隊」。它們和現代製圖學慣用的地理坐標定位是不太一樣的。另外，他還提到中國古代的某些城市圖，「圖上的文字注記一律採取由城市中心的各個城門觀測的角度題記。當某一城門處於圖的上方時，有關這座城門的注記文字對讀者來說是正的，可以讀；其他城門的注記文字則是倒置或橫寫。所以，必須把地圖拿在手中旋轉著看，才能閱讀圖上的全部文字」〔案：上文提到的《置室門圖》也是這樣書寫各門的位置〕。這些例子雖然年代偏晚，但其方向隨視角轉移和古代是同一個道理。

我相信，無論早期還是晚期，方向「反常」的地圖今後一定還會有不少新發現。

一九九七年九月二十七日寫於北京薊門里

（原載《九州》第二輯，北京：商務印書館，一九九九年）

㉑ 據漢文《闕特勤碑》「被（彼）君長者，本□□□裔也，首自中國，雄飛北荒，來朝甘泉，願保光祿，則恩好之深舊矣」，唐人是以突厥為匈奴之苗裔。

㉒ 唐曉峰〈梵蒂岡所藏中國清代長城圖〉，《文物》一九九六年第二期，八四—八八頁。

㉓ 李孝聰〈古代中國地圖的啟示〉，《讀書》一九九七年第七期，一四〇—一四四頁。

【附錄】

曹婉如等編《中國古代地圖集（戰國—元）》（北京：文物出版社，一九九〇年）中的地圖方向。此書共收古地圖一百四十七幅（圖版一—二〇五）：

(1)戰國地圖（圖版一—一七）。八幅，其中《兆域圖》（圖版一、二）為上南下北，放馬灘一號秦墓出土地圖第五種（圖版一二、一三）為上北下南，餘不明。

(2)西漢地圖（圖版一八—二九）。四幅，其中《地形圖》、《駐軍圖》（圖版二〇—二七）為上南下北，餘不明。

(3)東漢地圖（圖版三〇—三六）。四幅，《市井圖》為上北下南，餘不明。

(4)唐代地圖（圖版三七—四一）。只有《五台山圖》一幅，是五代畫師據唐代流傳的底稿繪製，方向為上北下南。

(5)伊斯蘭地圖（圖版四二—四四）。兩幅，方向不明。

(6)宋元地圖（圖版四五—二〇五）。一百二十八幅，其中絕大多數是上北下南，但《唐都城內坊里古要跡圖》、《漢唐都城要水圖》、《酈道元張掖黑水圖》、《今定黑水圖》、《九夫為井之圖》、《黃河源圖》、《江寧縣圖》、《河源之圖》（圖版一〇五、一〇六、一一〇、一一一、一二二、一六八、一九二、二〇五）為上南下北，《皇朝建康府境之圖》、《茅山圖》（圖版一八九、一九四）為上東下西，《九州山川實證總要圖》、《今定禹河漢河對出圖》、《歷代大河誤正圖》（圖版一〇七—一〇九）為上西下東，《元經世大典地理圖》（圖版一七九）為左上南、右下北。

大禹陵

禹步探原——從「大禹治水」想起的

一、大禹最近很出名：上博楚簡和保利銅器

大禹最近很出名，因為有最新的考古發現：

(1) 上海博物館從香港買回一批戰國楚簡，其中有自題為《容成氏》的一篇，是講上古帝王，其中提到大禹治水和禹畫九州，九州的名字和《禹貢》不一樣。

(2) 北京的保利博物館從香港買回一件銅器，叫「豳公盨」，上面有句話，「天命禹敷土，隨山濬川……」。簡直和《禹貢》開頭的話一模一樣。翻開《禹貢》，我們可以讀到，「禹敷土，隨山刊木，奠高山大川……」。《禹貢》的序（即該篇的提要）也說，「禹別九州，隨山濬川，任土作貢」。這是一件西周中期的銅器，年代更早。

於是，學者都說，怎麼樣？大禹治水的故事就是早，至少打西周中期或更早，禹的故事就已騰傳人口，咱們窮追古史，斷代探源，又加了一把勁。

大禹治水，在中國特別有名。故宮珍寶館有件玉雕，乾隆爺用一整塊和闐玉表現這個故事，大家都見過。它的偉大意義在哪裡？主要是兩條，一是突出了咱們這個大國，自古就很重視水利（雖然幾千年了，一直治不好）。二是「中國」這個概念，它的前身，大家說的「華夏」，是和禹的名

字連在一起。

前一條，魏特夫倡「水利社會」說，說治水治出個「東方專制主義」。這是個含糊不清帶有偏見的詞。西方歷史是從小國寡民出發，他們把東方大國當對立面：西方是民主，東方是專制。我們這裡也有人跟著亂講（特別是二十世紀八〇年代）。西方的人類學家和考古學家對此早有批評，拿出大量證據，證明根本不對。但水利和「大一統」有關，倒也不能完全否定。

後一條，主要是象徵意義。中國的疆域歷代不同，漢族的內涵也歷代不同。什麼是「中國」？什麼是「漢族」？這是引起爭論的問題。喜歡強調一脈相承的我們總是說，凡是住在今中國版圖內的就是中國人。但很多漢學家說，只有說漢語的才是中國人，即把漢語、漢族和中國人混為一談（英文是一個詞）。中國的鄰居，朝鮮和越南，本來屬於漢文化圈，也有他們的看法。「華夏」是「中國」（漢代已用這個詞指漢族統治的疆域）概念的前身，這個概念怎樣形成，自然也是大問題。

在中國古代傳說中，「夏」就是「禹跡」，「禹跡」就是「夏」，只要是他老人家走過的地方，都可納入這個概念。我們山西人，還有河南西部人，最自豪。因為，本來意義上的「夏人」，主要是住在這一塊。黃河鬧災，也經常在這一塊。好像專等著禹爺出世。但「夏」一出名，大家都來起哄，就亂了套。東邊，河南東部人、河北南部人和山東人，即古代的「商人」，東夷和淮夷，還有後來的宋人和齊人，他們也都說，他們是住在「禹跡」。西邊，陝西人和甘肅人，即古代的周人和秦人，也不甘落後，同樣說，他們是住在「禹跡」。「華夏」這個雪球就是跟著他的名字越滾越大。最後，就連南方人也來摻乎。四川人說，禹生紐石。湖南人說，衡山上有禹爺留下的怪字（《岣嶁碑》）。浙江人也說，禹爺葬在紹興，現在還有大禹陵。這麼多禹跡，擱一塊兒，當然很大，簡直和秦皇漢武遊走的地方差不多。好像六千多年前，我們真的已有這麼一大塊地盤。

大禹走過的地方，這是藉助傳說對外表達的中國最早的「中國」概念。其象徵意義要大於實際意義。祖述這一概念的中原古國，商和周，它們都以夏自居，由此形成中國歷史上赫赫有名的所謂「三代」。

二、當年的爭論：大禹是蟲還是人

中國的傳說，堯、舜以下是禹，禹是上承堯舜禪讓，標誌三代開始的人物。現在討論禹故事，大家都會想起《古史辨》上的爭論。

當年，五四運動，大家搞思想解放運動，年輕學子言必稱「德先生」、「賽先生」，群以非聖疑古為時尚，引起大討論，文章發表於《古史辨》雜誌，成為中國學術史上的大事，開風氣之先的代表人物是顧頡剛。

顧先生說，大禹是條蟲，根據是《說文解字》。許慎說：「禹，蟲也。從禸象形。，古文禹。」他說，大禹是神不是人，禹的神話可能是因九鼎而起。九鼎上面有花紋，花紋裡面有條蟲（他猜測）。這條蟲可能就是禹（也是猜測）。禹的從蟲到神，就是從九鼎而來。這種討論，是受胡適影響，帶有五四風氣的討論。它很容易讓人聯想到日人白鳥庫吉氏的「堯舜禹抹殺論」（雖然，這是不約而同，並非彼此抄襲）。白鳥氏的理論，與日本的現代化訴求有關。我們也有這個背景。但他們抹殺堯舜，是為了「脫亞入歐」。「脫亞」是脫中國，「入歐」是加入西方主流，核心是對外擴張，侵略中國。它從一開始就與日本謀武力崛起，推行軍國主義有關。我們否定傳統，正好相反，是為了救亡圖存，抵禦外侮，特別是抵禦日本的侵略。二十世紀八〇年代以來，國人痛感落後，有「救亡」掩蓋「啟蒙」之說。殊不知當日之中國，「啟蒙」必以「救亡」為背景（打別國，不可能，也不應該；光啟蒙，不救亡，只有當漢奸）。我們不要忘記，五四運動就是以反對日本侵佔膠東為序幕。這是基本背景。同樣是講史學現代化，打人和被打，就是不一樣。

顧先生的說法對不對？關鍵是，當時有沒有夏？有，大有多大，小有多小？這是上面提到的大問題。但當時，大家的爭論卻是，禹是實有其人，還是神話虛構。顧先生的說法很大膽，有破除迷信，解構「大一統」的進步意義，但考證上沒有根據。當時，顧先生在北大教書，只有二三十歲，王國維比他年紀大，名氣也大，在清華講古史。顧先生對王國維佩服得五體投地，但王對顧評價卻很負面。一九二二年八月八日，王在給羅振玉的信中說，來訪者顧頡剛，人很用功，「然其風氣頗與日本之文學士略同」。一九二五年，他在清華寫講義，叫《古史新證》，講義一開頭就是批評顧先生（沒有點名）。他說，「疑古之過，乃並堯、舜、禹之人物而亦疑之」，山東出過叔夷鐘，齊人說，我們是住在「禹跡」；甘肅出過秦公簋，秦人也說，我們是住在「禹跡」。這兩件銅器都是春秋中期的東西，可見「春秋之世，東西兩大國無不信禹為古之帝王，且先湯有天下也」。顧很有器量，把王氏的講義摘登於《古史辨》，說先生的意見和我一樣，太好了，我們都說，西周中期，大禹的傳說就有了。

當然，我們都知道，他倆的看法並不一樣。王是相信堯、舜、禹實有其人，顧是視為神話，不管是蟲不是蟲，反正不是人。

另外，大家知道更多，是魯迅的〈理水〉。魯迅和胡適同為五四健將，但他討厭胡，也不喜歡顧。〈理水〉是大禹治水的「故事新編」，小說裡，洪水滔天，有一幫學者，坐在「文化山」上高

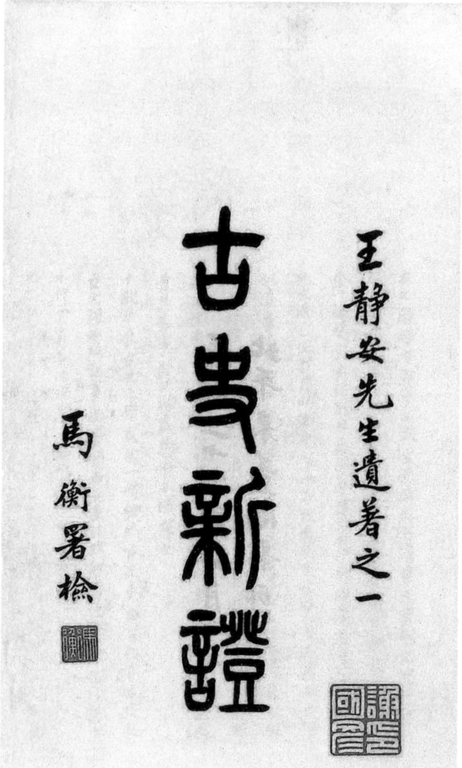

《古史新證》

談闊論，「拿拄杖的學者」是潘光旦，「鳥頭先生」是顧頡剛。魯迅以子之矛攻子之盾，把「顧」字一拆兩半，「雇」是一種鳥的名字，「頁」是頭，故意編個「鄉下人」，拿他的名字開玩笑。「鄉下人」說，「禹是一條蟲，不是人」，他不信。「拿拄杖的學者」說，「鄉下人」都是愚人，「拿你的家譜來」。「鳥頭先生」也說，我有學者的來信為憑，他們都贊同我的學說。「鄉下人」說，我沒家譜，也不必等來信，「證據就在眼前：您叫鳥頭先生，莫非真的是一個鳥的頭，並不是人嗎」。這番話把「鳥頭先生」氣得「耳輪發紫」，說是要「到皋陶大人那裡法律解決」。「鄉下人」就是作者自己。

魯對顧的說法也不贊同，而且很不客氣，完全是諷刺挖苦。

這是當年的討論。

我們有新的發現，但結論還在原地：西周中期，大禹的傳說就有了。

三、大禹治水：三過家門而不入

這裡，我不打算討論禹是人還是蟲。傳說就是傳說，我們最好還是注意一下古人是怎麼講，誰在講，什麼時候講。知道這些，也就夠了。比如「大禹治水，三過家門而不入」，就是我所關注的一個傳說。

「大禹治水，三過家門而不入」，通常是形容一個人大公無私，為了工作，連家都不顧的偉大精神，語出《孟子》，戰國就有。原文是：

> 當堯之時，天下猶未平，洪水橫流，氾濫于天下，草木暢茂，禽獸繁殖，五穀不登，禽獸偪人，獸蹄鳥跡之道交于中國。堯獨憂之，舉舜而敷治焉。舜使益掌火，益烈山澤而焚之，禽獸逃匿。禹疏九河，瀹濟、漯而注諸海，決汝、漢，排淮、泗而注之江，然後中國可得而食也。當是時也，禹八年于外，三過其門而不入，雖欲耕，得乎？（〈滕文公上〉）

> 禹、稷當平世，三過其門而不入。（〈離婁下〉）

大禹治水，不回家，據說是不看兒子，即他的寶貝疙瘩，後來的接班人，那個叫啟的小孩。

比如，《華陽國志．巴志》引《洛書》說「禹娶于塗山，辛壬癸甲而去，生子啟，呱呱啼，不及視，三過其門而不入室，務在救時」，《吳越春秋．越王無余外傳》也說「禹三十未娶」，遇九尾白狐，「娶塗山女，謂之女嬌。取辛壬癸甲，禹行。十月，女嬌生子啟。啟生不見父，晝夕呱呱啼泣」。

古人說，「匈奴未滅，何以家為」。俗話講，「捨不得孩子，打不了狼」。「大禹治水」是一種精神，榜樣的力量很大。上有墨子，下有程、朱、陸、王，還有王安石，大家對這種精神都很佩服。

說起大禹，我會想起毛主席。毛主席說，「六億神州盡舜堯」。人民在廣場上喊「毛主席萬歲」，山搖地動；毛主席在天安門上喊「人民萬歲」，響徹雲霄。他們跟著毛主席，在中國這張白紙上畫畫，在我腦子裡還有記憶。一九五八年，我還小，但很多活動，我都參加過。密植小麥，老師帶我們挖大坑，長寬高各一丈，一層土一層肥，狂撒種子，先頭像塊綠地毯，好看，後來糾結如亂髮，種子都沒收回來。大煉鋼鐵，老師讓我們幫工人叔叔砸廢鐵，我發現一顆子彈，受到表揚。還有更自豪的是，老師說我有繪畫天才，讓我在教室外面的牆上畫飛馬（後來房子扒了），詩畫滿牆也沒落下……

小時候，我們都聽說過大禹治水，當然不是他在《禹貢》中的業績：「芒芒（茫茫）禹跡，畫為九州」，人民從此安居樂業，全都住在他老人家走過的地方，各地都有好些土特產，可以奉獻給祖國，也就是大禹本人。他老人家喜歡挖土，我們在漢畫像石上見過他的尊容，手裡拿著鐵鍬，當時叫臿。一九五八年，毛主席帶領大家修水庫，李銳畫幅水墨畫，郭沫若題詩（其實是詞，打油體的詞）其上，「領袖帶頭挖土，人民不亦樂乎，三山五嶺齊歡呼，苦戰何能算苦」。當年，我們老家，有個老師，他說查了《推背圖》，毛主席是水怪下世，不然，幹麼到處修水庫。所以，他被打成反革命，開除，回家種地。那時，我根本沒讀過《尚書》，大禹治水，就知一句話，「三過家門而不入」，而且以為是歇後語：「大禹治水——三過家門而不入。」我就知道，他為了工作，不顧家。過去，電影、報紙經常宣揚這個，比如，有個地質工作者，據說一輩子，所有見面日子加起來，只跟老婆待過兩三年（記不清，暫時就算兩三年吧），可他找到的礦石標本，別的不說，光是黃金，就比他這個人的塊頭還要大。他的精神太偉大，所以大家找塊礦石，大個兒的礦石，給他雕了像（大意如此，未必準確）。現在演警察，也還這麼說，不能不說。

過去，我知道，我們特有這種精神。比如學大寨那陣兒，「天大旱，人大幹」，「白天一把鎖，黑夜一盞燈」。黨支部書記豪言壯語。他說，咱們這回可是「脫了褲子大幹」。我們挑水上山，十里八里，七溝八梁，滿滿兩大桶，上山一倒，還不如一泡尿。地頭上，大家撫今追昔，又想起當年的大會戰，橫長二百里的一個縣，西邊半個縣，老百姓都關門，全部搬到東邊半個縣，住在山裡煉鋼。我們都不知道是怎麼回事，是不是小鬼子又來了，咱們又四處躲難，他們說。我們那兒，老百姓都是住小樓，樓下住人，樓上囤糧，現在人山人海，上下都睡人。一天幹下來，累個賊死，躺倒就爬不起來。夜裡，嘩嘩下雨，樓上流到樓下——不是真的下雨，下的都是尿。

四、大禹曾患陽痿症

古代的地理概念是人用雙腳走出來的，不是一個人，而是很多人。但古人把所有地理發現都歸功於禹，就像現代人把地理大發現都記在哥倫布這幫西方航海家的名下。凡是輿地類的創作都被納入「禹貢九州」的概念。顧頡剛先生與禹貢學會，辦《禹貢》雜誌，提倡地理研究，還是沿襲這個概念。

中國的地理書有兩大來源。一是水志，如《史記．河渠書》、《漢書．溝洫志》，還有郭璞、酈道元等人注解的《水經》一書，這是導源於治水的概念，乃《禹貢》的嫡脈。二是山經和海經，典型作品是《山海經》，古代入山入海，是和尋仙訪藥有關，故此類與本草、志怪和博物類的古書往往交叉。此外，講帝王巡遊，如《穆天子傳》，〈封禪書〉、〈郊祀志〉和諸蕃志類的作品，以及記錄天下郡國、山川形勢、人口賦稅的書，也可歸入地理類。甭管是哪一類，都是推始於《禹貢》。比如史公〈河渠書〉、班氏〈地理志〉，就都是從大禹治水的故事講起。魏晉以降，地理書漸多，形成史部圖書的一類，《隋書．經籍志》的地理類，首列之書是《山海經》。劉秀（劉歆）〈上山海經表〉說，它的根子還是《禹貢》。此外，郡縣誌類的圖書，也與九州職貢的概念有關。

大禹是品牌標誌。

古人說「芒芒（茫茫）禹跡，畫為九州」（《左傳》襄公四年引〈虞人之箴〉）。在中國古代傳說中，九州是禹用腳丫子走出來的。他所走過的地方，大江南北，到處都留下了他老人家的足跡，而「禹跡」者，則是用「禹步」走出來的。

什麼是「禹步」？大家的印象，首先是來自道教。研究道教的學者都知道，道士念咒作法，有所謂「禹步」。這種步法有點像慢三步的舞步，或小孩遊戲所謂的「跳間」。所謂「三步九跡」，就是按北斗七星（或九星）的圖形，兩腳邁丁字步，「踏罡步斗」，左旋右轉，三步一扭。

禹步是屬於咒禁之術。據說可以拔箭斷水，十分靈驗。如《南齊書．陳顯達傳》說陳顯達「矢中左眼，拔箭而鏃不出，地黃村潘嫗善禁，先以釘釘柱，嫗禹步作氣，釘即時出，乃禁顯達目中鏃出之」，《北齊書·由吾道榮傳》說由吾道榮遇「恆岳仙人」，在汾水上，「值水暴長，橋壞，船渡艱難。是人乃臨水禹步，以一符投水中，流便絕」。

禹步的來源到底有多早，這可是個大問題。西漢晚期的書，《揚子法言·重黎》已經提到：「昔者姒氏治水土，而巫步多禹。」（唐李軌注：「禹治水土，涉山川，病足，故行跛也。……而俗巫多效禹步。」）看來漢代已有此術。西晉古書，《抱朴子》的〈仙藥〉、〈登涉〉也多次提到「禹步」。葛洪說：「禹步法：前舉左，右過左，左就右。次舉右，左過右，右就左。次舉右，右過左，左就右。如此三步，當滿二丈一尺，後有九跡。」（〈仙藥〉）就是講「三步九跡」。古代道士，求仙訪藥，雲遊四方，什麼山都去，他們的見聞，上面已說，正是魏晉地理書的重要資源。

二十世紀七〇年代出土的馬王堆帛書，是西漢早期的古書，其中的醫書，有不少禁方，我在《中國方術考》中講過，其中也多用「禹步」（見《五十二病方》和《養生方》），它說明，禹步在西漢早期就有。但古代方士或道士，他們幹麼要走這種步子，這卻有個說法。上引李軌注已提到，他是跋山涉水給累壞的，腿腳不靈，走起路來像瘸子。《越縵堂讀書記·子部·雜家類》也說：「禹手不爪，脛不毛，生偏枯之疾，步不相過，人曰禹步。」看來，他得的病是屬於「偏枯之疾」，即四肢麻痹，邁不開步子。毛病都是累出來的。

不過，關於大禹的病，在出土文獻中還有另外一個講法，實在令人驚奇。馬王堆三號墓即出帛書的墓裡，它還出了一部房中書，是寫在竹簡上，此書包括十組對話，整理者題為「十問」。其中第八組對話，是禹和師癸的問答。我把它的大意轉述如下：

禹問師癸說：「只有耳目聰明身體好，才能治理天下，我到處治水，從黃河，到長江，來到會稽之山，前後已經十年了。真沒想到，現在是『四肢不用家大亂』，您看這病該怎麼治？」師癸回答說：「要把天下治好，必從身體抓起。你的病是傷於筋脈，血氣不通，對症治療是活動四肢，鍛鍊筋骨。睡覺前後一定要『引陰』，即做一種生殖器操，一屈一伸，反覆行之，只要節奏合適，就會精如泉湧。你照這個法子練，必定長壽延年。」禹照他的方法練，常喝牛奶（也有可能是其他奶），補身子，結果是，太太（后姚）不再鬧事，家裡也恢復了安定團結。這就是所謂「師癸治神氣之道」。〔案：古代缺乏營養，在馬王堆帛書裡，牛奶、雞蛋都是房中補品。〕

另外，在馬王堆帛書《養生方》的結尾，也有一個故事，同樣是講禹和一群女人討論「合氣之道」，即男女交接之道，其中也有「鬚眉既化，血氣不足，我無所樂」等語，可惜殘破太甚，難知其詳。

不用我說，大家都看明白了吧。

「大禹治水——三過家門而不入」，其直接後果有二：第一，是把身體搞壞，不只是四肢麻痹，走路不得勁，而且是那話兒不舉，豪放不起來；第二，是把家庭搞亂，不只孩子沒人疼，老婆沒人愛，而且給他本人造成行動不便、精神煩惱，直接影響了治水大業。

禹貴為天子，鐵肩扛著治國重任，乃不能修身齊家，淪為假夫假父，這也是深刻的歷史教訓。

二〇〇四年九月一日寫於北京藍旗營寓所

（原載《書城》二〇〇五年第三期）

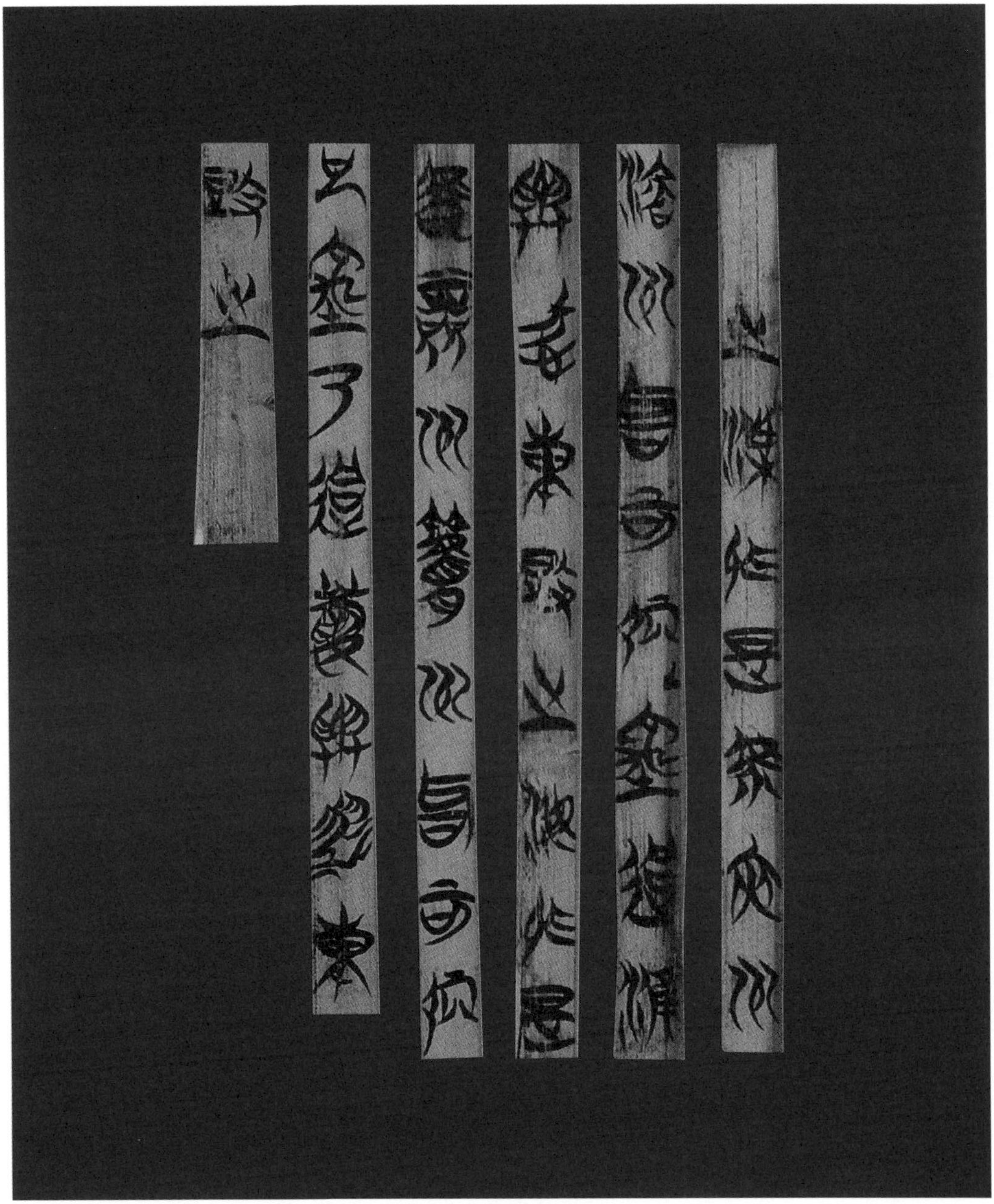

上海博物館藏楚簡《容成氏》

三代考古的歷史斷想——從最近發表的上博楚簡《容成氏》、𤼈公盨和虞逑諸器想到的

一、序說：開放的史學，齊蠻夏，同古今㉔

關於「開放的史學」，我不想長篇大論，只想簡單表一下態，算是我對問題的回答。然後是以最新的發現為例，圍繞三代考古中的問題進行歷史學的分析。

我想，要談「開放的史學」，考古學是很好的例子。為什麼我把考古學叫「開放的史學」呢？這是因為，從材料和方法上講，它是一門「上不封頂，下不保底」，「今日之我與昨日之我戰」，需要不斷更新，反覆調整的學問，自己打自己耳光的事是經常發生。它和專以文獻為依託的狹義史學不同，是年代範圍很大的遠距離觀察。這種研究，不是材料固定，解釋翻新，大膽假設，死無對證，而是用新材料做新學問，常做常新，對假設本身開棺驗屍，該證實的證實，該推翻的推翻，一點都不客氣。這是廣義的歷史學。還有，無法迴避的是，我們做史學研究的人，都是掙扎於現實生活的旋渦，必然會「古今中外」在頭腦中打架。我們提倡「開放」，一種理解是千古皆備於我，即二十世紀八〇年代啟蒙思潮下的說法，光是強調以今人的立場重新解釋歷史，光是強調倒寫的歷

史。還有一種是我強調的考慮，即今人的想法必含逆溯的偏見，要反覆校對，反覆消毒，特別是把西方史學積五百年之久，已根深柢固的文化立場，把「現代」對「古代」的優越感，「文明」對「野蠻」的優越感，放進更大的時間尺度去理解。這個理解就是王國維先生得出的著名結論，即「學無古今中外」。㉕這是我做歷史的信念和立場。簡單地說，就是齊蠻夏，同古今，用一視同仁的人類眼光來看待人類自己的歷史。因此，我想把「考古」變成更寬泛意義上的理解。它是個「揭老底戰鬥隊」，專門挖上述「優越感」的祖墳，目的是讓這些「二元對立」能理直氣壯地平等對話。我希望大家能在我的學術研究背後，發現我看問題的基本立場。㉖

現在，我要介紹的是近年來的幾個重要發現。所謂「重要發現」，有些是盜掘盜賣，搶救回來

㉔最近，北京大學歷史系的同學邀請我在他們舉辦的「開放的史學」講座上講一下我對歷史學的理解，為此，我進行了認真的準備。可惜的是，現在因非典流行，一切聚會皆屬不宜，他們的講座已無限期推遲。但我還是把自己的想法整理了一下，寫成這篇講稿，既回應最新的發現，也兼答同學的問題，算是我和他們做一次書面的討論。在我之前，有幾位先生已經作過演講。我不知道他們怎麼想，怎麼講，我自己的看法，其實很簡單，就是用考古學的材料和方法擴大和加深我們對歷史學的理解。所以，我是用舉例的形式來發表我的感想，並在講稿開頭，先交代一下我對這個問題的理解。

㉕王國維〈國學叢刊序〉，收入《王國維遺書》，上海：上海古籍書店，一九八三年，第四冊：《觀堂別集》卷四，六頁背—九頁背。

㉖順便說一下，我認為，史學立場比方法更重要。西方歷史學的宿疾是其價值體系支配一切。對它來說，上述優越感是不容置疑。但這個體系是建立在近五百年來它打遍天下無敵手的武功之上。為了證明這種優越，它不但偽造自己的歷史（如文藝復興以來對希臘、羅馬的認祖歸宗，為歐洲製造了「科學」與「民主」的歷史），也偽造其他國家的歷史（如以希臘打敗波斯，伊斯蘭不敵基督教，證明東方骨子裡就落後，所謂「迷信」和「專制」的歷史，也有很多虛構）。然而，「現代」絕不是「歷史」的終結，而是「歷史」的延伸。「現代」雖將「歷史」過濾為可憐的既往，但它並不是「歷史」的容器。同「現代」相比，「歷史」大得多，也深得多，其小大之辨，是一目了然。因此，「開放」的意義之一，就是要把「歷史」從「現代」的咒語下解放出來，把「現代」重新置於「歷史」之下。這不是倒行逆施，而是順理成章（考古的加入，至少從理論上，使史學變成一逆一順，相濟而行，多少可以檢驗的東西）。

的東西（上博楚簡、豳公盨），有些是農民挖土，偶然發現，捐獻給政府的東西（虞逑諸器），它們並不是正式發掘的結果，但按廣義的理解，含混的理解（把所有正式發掘和偶然發現的東西全都放在考古學的眼光下），也可以叫「考古發現」。

二、上博楚簡《容成氏》的發現：禹畫九州，「夏」是中國文明的代名詞，三代考古的地理眼光

最近出版的上博楚簡《容成氏》是講上古帝王傳說。[27]它分三個層次。開頭一段是講容成氏等相傳最早也最虛無縹緲的上古帝王，簡文脫佚，估計約有二十一人，大部份能同古書對上號，少數還值得研究。這是第一個層次。下來，是講唐、虞二代，即堯、舜，是又一個層次，也比較虛無縹緲。中心都是講禪讓，千篇一律，內容比較空洞。再下來，是講夏、商、周三代，即禹、湯、文、武，禪讓之道廢，革命之說興，內容才比較靠實。這些故事，大部份都是我們在傳世古書中熟悉的故事。但有兩個故事不太一樣，一個是大禹治水，一個是文武圖商。我們先談第一個故事。[28]

傳世文獻講夏，主要是講大禹治水和禹鑄九鼎，還有《史記．夏本紀》提供的夏世系，其他什麼也沒有。這兩個故事，象徵意義很明顯。它們代表的是一種前帝國時期，疆域大小並無一定，更多是靠文化認同建立的三代相承的「一統」概念，即中國古代的「文明」概念。這種概念，世界各國都有，今天也有，比如有些「聰明蛋」（美國有一種炸彈，叫「聰明彈」（Smart bomb，又名精靈炸彈）」說伊斯蘭文化不文明，就是這種概念的延續。中國的這種概念是以夏為模範，商周以來，凡歆羡富裕，景慕強大者，都承認這個概念，不管住在哪裡，屬於哪個民族，任何文明人，都

是奉「夏」為雅正，自稱「有夏」，以別於當時的「蠻夷戎狄」，即野蠻人。比如睡虎地秦簡《法律答問》，它講當時的國籍認定，說只有媽媽是秦人的小孩才能叫「夏子」，就是如此。㉙雖然當時的秦，在山東六國，即「中原諸夏」眼中，還是「夷狄視之」（《史記・秦本紀》）。這就像「九・一一」那天，有些崇拜美國的中國人，他們會說，打今晚開始，我是美國人了，這就是他們的價值認同，其實他們並不住在美國，中國也沒有成為美國的一個州。而有趣的是，古書中的「雅」字，古文字是寫成「夏」，比如楚簡就這麼寫。它本來就是以「夏」為「雅」。「夏」是代表「文明」，這是簡文講大禹治水的核心。

另外，簡文講大禹治水，還有一個意義，和地理學有關。雖然《禹貢》九州並不是固定的地理範圍，未必就能反映夏、商、周的具體範圍，但它卻是自古相傳的地理概念和描述體系。一九三四年，顧頡剛先生創辦《禹貢》雜誌，就是借這個概念，發起研究中國的民族演進史和地理沿革史，在學術史上有重大意義。我們都知道，《左傳》襄公四年魏絳引〈虞人之箴〉有一句話，叫「芒芒（茫茫）禹跡，畫為九州」。這句話，就是唐曉峰先生創辦我也參加的《九州》雜誌每期都有的卷首題辭。「禹跡」是大禹治水走過的地方，在古代是流行術語。凡言輿地，都是籠罩在這個概念之下。如《山海經》和《水經注》，就都是以山水互為表裡，按這個體系講地理。

《容成氏》講禹，和現存文獻一樣，也提到禹畫九州，但它與《禹貢》等書不同，是另一種版本，只講水，不講山，它是按水系不同，分六大塊講。這六大塊，首先是講東方，即禹親執耒耜，

㉗ 馬承源主編《上海博物館藏戰國楚竹書》（二），上海：上海古籍出版社，二〇〇二年，二四七—二九三頁。

㉘ 同上書，二六三—二七二頁。

㉙ 睡虎地秦墓竹簡整理小組《睡虎地秦墓竹簡》，北京：文物出版社，一九九〇年，一三五頁。

陂明都之澤，決九河之阻，而有夾州（疑即兗州）、徐州；然後也是東方，即禹通淮水、沂水，東注之海，而有競州（疑即青州或營州）、莒州；然後是講北方，即禹通蔞水（疑即滱水）、易水，而有藨州（疑即并州）；然後是講南方，即禹通三江五湖，東注之海，而有荊州、揚州；然後是講中央，即禹通伊水、洛水、瀍水、澗水，而有豫州；最後是講西方，即禹通涇水、渭水，北注之河（二水不通於海），而有虘州（疑讀「沮州」，相當雍州）。[30]禹畫九州是一種方位化的概念圖解，從原則上講，它是由四方四隅加中央，組成九宮格，但具體安排，往往是分六塊或七塊講，順序和名稱不一樣。如《書・禹貢》是作冀、兗、青、徐、揚、荊、豫、梁、雍（即從北到東到東南到南到中到西南到西北）；《周禮・夏官・職方氏》是作揚、荊、豫、青、兗、雍、幽、冀、并（即從東南到南到中到東到西北到東北到北）；《呂氏春秋・有始覽》是作豫、冀、兗、青、徐、揚、荊、雍、燕（即從中到北到東到東南到南到西北到東北）；《爾雅・釋地》是作冀、豫、雍、荊、揚、兗、徐、幽、營（即從北到中到西北到南到東、東北、東南）。簡文與四書相比，最大不同是沒有冀州、梁州和幽州，其相當兗州、青州（或營州）、并州、雍州的四個州，寫法也不同，並且多出莒州。這是很重要的發現。

現在，中國早期文明的分佈，即古人所說的「禹域」，通過考古發現，其範圍已日趨明朗，以北方黃河流域而言，它是以三條線和三大塊為主要活動範圍。三條線，第一條在北緯四十一度左右（大體在黃河北上轉彎處），即今秦皇島、北京、張家口、大同、呼和浩特和包頭一線，為北線，可稱「農牧分界線」（華夏勢力最大時可以進抵此線），中原諸夏中，只有燕國突前，是位於這一線（銜接內蒙古、東北和河北，為戰略要地），它的存在有如孤島，耐人尋味；第二條在北緯三十八度，即今石家莊、太原、榆林、青銅峽和武威一線，為中線，可稱「農牧爭奪線」（華夏和

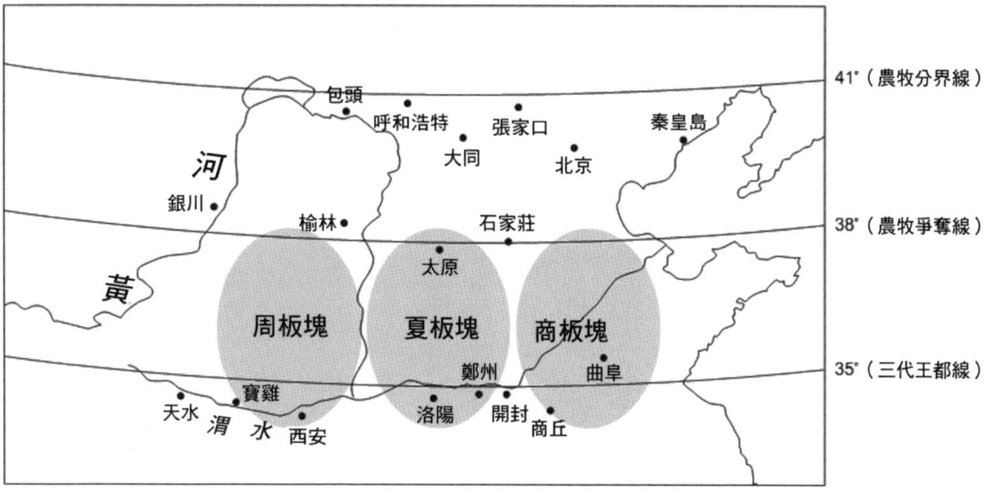

三條線與三大塊（鍾曉青 繪）

北方民族反覆爭奪，南北推移的界線）；第三條在北緯三十五度（更準確地說，是在三十四至三十五度之間，大體相當渭水和黃河中下游流經的地方），即今曲阜、商丘、鄭州、洛陽、西安、寶雞、天水一線，為南線，可稱「三代王都線」（歷代王都集中在這條線上）。三大塊，陝西（加甘肅）是一塊，在西，主要是周、秦之域，可稱「周板塊」；晉南豫西是一塊，在中，主要是夏、晉、東周之域，可稱「夏板塊」；冀南豫北（加山東）一塊，在東，主要是商和宋、衛、齊、魯之域，可稱「商板塊」。中國早期居民，從夏朝開始，無論屬於哪一族，住在哪一塊，都自稱「有夏」，住在「禹跡」，這是「中國」概念的前身。只有明白這一點，我們才能理解，為什麼在《詩》、《書》等早期文獻中，商人的後代也好，周人的後代也好，他們都是把「夏」

㉚ 請參看簡文原文和我的注釋。「徐州」原作「涂州」，「沂水」的「沂」原作「忻」，「莒州」原作「篖州」，「易水」的「易」原作「湯」；「荊州」原作「𦬚州」，「揚州」原作「鄒州」，「伊水」的「伊」原作「泚」，「瀘水」的「瀘」原作「里」，「澗水」的「澗」原作「干」，「豫州」原作「敍州」，「涇水」的「涇」原作「經」。

理解為「天下」和「王土」，當作「中國文明」的代名詞。[31]

三、𤫊公盨的發現：夏禹傳說可以早到西周中期的證明

說到古書中的夏禹傳說，大家都會想起中國近代學術史上的一段公案，即顧頡剛和王國維對這一問題的討論。

一九二三年，顧先生提出他的「大禹是一條蟲」說。[32]此說被魯迅大加嘲諷（收入《故事新編》中的〈理水〉），人多以為笑話，其實是出於顧氏對九鼎傳說的理解。他是根據許慎的解釋，即「禹，蟲也，從内，象形」（《說文》卷十四下内部），懷疑禹這個人，「或是九鼎上鑄的一種動物」，就像我們在銅器花紋上看到的蛇紋或蠶紋，「大約是蜥蜴之類」。當然這只是一種推測。另外，他還主張「禹與夏沒有關係」。[33]他對文獻中的大禹傳說做過全面審查，得出一個結論，就是禹見於載籍，實以《詩・商頌・長發》為最早（年代是採王國維說，定為西周中葉宋人所作），當時的禹還只是天神。禹成人王，據他考證，是在《詩・魯頌・閟宮》和《論語》之後。禹成夏後更是戰國時期的說法。這是顧先生的想法。

一九二五年，王國維在清華研究院講「古史新證」。他的講義，開頭一章是緒論，[34]一上來就說，研究中國古史，最麻煩的問題，是史實和傳說混而不分，史實之中有添油加醋，與傳說無異；傳說之中，也有史實為依託。世界各國都有這類問題。所以有「信古」和「疑古」兩種態度。「信古」，他是舉《古文尚書》、《今本竹書紀年》為例，以為書是偽書，不可信，但被有些學者當真實史料來用；「疑古」，則是連堯、舜、禹之存在也懷疑，是疑過頭了。他批「疑古」，

沒有點名，當然可指日本學者的「堯舜禹抹殺論」，[35]但主要還是針對顧先生。因為一九二二年八月八日，王國維給羅振玉寫信，他對來訪的顧頡剛有個印象，覺得他的學術作風「頗與日本之文學士同」（當指日本東京學派，如白鳥氏的言論），[36]而他寫《古史新證》，又適在顧說引起轟動不久。王批評此說，以為「其於懷疑之態度、反批評之精神不無可取，然惜於古史材料未嘗為充分之處理也」。所謂「充分之處理」就是借當時新發現的「地下的材料」，補證「紙上的材料」，用這種「二重證據法」，「證明古書之某部份全為實錄，即百家不雅馴之言，亦不無表示一面之事實」。他反對使用默證，認為「雖古書之未得證明者，不能加以否定。而其已得證明者，不能不加以肯定」。[37]為證明堯、舜、禹不能輕易否定，緒論之後，他的第二章，一上來就談禹。[38]他是以一九一七年甘肅禮縣新出的「秦公敦」（即秦公簋）和宋代著錄的齊侯鎛鐘（即叔弓鎛）為例，討論這一問題。前者，我是定為秦共公（前六〇八—前六〇四年）的器物，它的「十有二公」，是

[31] 在《尚書》中，「有夏」多指夏朝，但武王克商以後，周人也自稱「有夏」，如〈君奭〉「惟文王尚克修和我有夏」，〈立政〉「乃伻我有夏」，都是代指周人。又據《詩．商頌．殷武》、《大雅．文王有聲》、《書．立政》、《逸周書．商誓》，商人和周人的後代，他們都說自己是住在「禹之跡」。

[32] 顧頡剛〈與錢玄同先生論古史書〉，《古史辨》第一冊，北平：樸社，一九三三年，中編，五〇—六六頁。

[33] 顧頡剛〈討論古史答劉、胡二先生〉，《古史辨》第一冊，下編，一〇五—一五〇頁。

[34] 王國維《古史新證》，北京：清華大學出版社，一九九四年，一—四頁。

[35] 白鳥庫吉〈支那古傳說の研究〉，收入《白鳥庫吉全集》，東京：岩波書店，一九七〇年，第八卷，三八一—三九一頁。此文有黃約瑟翻譯的中文本：白鳥庫吉〈中國古傳說之研究〉，收入劉俊文主編《日本學者研究中國史論著選譯》，北京：中華書局，一九九二年，第一卷：通論，一—九頁。

[36] 吳澤主編《王國維全集．書信》，北京：中華書局，一九八四年，三二五—三二六頁。

[37] 王國維《古史新證》，二頁。

[38] 《古史新證》，四—六頁。

指共公以前的十二代先君，他們全都住在今陝西寶雞和甘肅禮縣一帶，但銘文卻說，是住在「禹跡」。[39]後者是講齊臣叔弓受齊莊公（前五五三—前五四八年）冊命。叔弓是宋人之後，銘文說，他的祖先是「赫赫成湯」，「咸有九州，處禹之堵」。[40]王國維認為，既然《詩》、《書》屢屢提到禹，其他古書也有大量記載，怎麼可以忽視呢？更何況這兩件銅器，全都不是出在夏文化的核心地區，一件出在僻處西戎的秦，一件出在遠在海隅的齊，嬴姓的秦，子姓的宋，都說自己的祖先是住在禹住過的地方。這說明什麼呢？只能說明，「春秋之世，東西二大國無不信禹為古之帝王，且先湯而有天下也」。[41]這是王國維的看法。

當年，顧先生只有三十歲，是個年輕學者，王國維比他大十七歲，顧對王非常敬仰，對學術討論也極為民主。他把王說特意刊登在《古史辨》第一冊的下編，寫了跋語，說他很高興，因為他的假設得到了王國維的支持。[42]但王說和顧說並不一樣。因為，他還是強調禹是古代人王，先湯而有天下。

王國維和顧頡剛的討論，意見不同，但從文獻記載（如〈長發〉）看，他們都認為，西周中期，肯定已有禹的傳說。這一看法，現已得到出土證明。因為新發現的豳公盨，年代約在西周中期偏晚，銘文提到「天命禹敷土，隨山濬川」，正是《禹貢》序所述，語句也極為相似。[43]它說明，至少西周中期，大禹治水的故事就已存在。雖然商代銘刻，現在還沒發現，但上述理解的可信度還是增加了不少。

另外，說到「夏問題」，我還想多說兩句。我理解，現在探索「夏文化」，主要困惑還不在年代和地域，而在發現物的水平。因為現在的發現，第一是沒有商代水平的青銅器，第二是沒有商代水平的銘刻資料，第三是沒有商代水平的大型宮殿。有的學者認為，二里頭的東西水平較低，而且，它給人的印象是，中心突出，四邊衰落。不但和後邊比，懸殊太大，而且不像它前面的新石器文化，呈現普遍繁榮的氣象。㊹一個可能性的解釋是，二里頭有青銅兵器，作用等於原子彈，好像近代西方的堅船利砲，主要還是武器佔了便宜，一下子拉開差距。㊺這一解釋可能還需要進一步證明。但「夏」概念的泛化，也許在於，它是個異軍突起比較野蠻的征服文明，比起周邊，武力強，地盤大，但水平並不是很高，就像十六至十七世紀的歐洲。可是，即便如此，它的突然崛起，在當時，還是件石破天驚的大事，成為榜樣的大事。否則的話，比它強大的征服王朝，如繼起的商、周，它們是不會以「夏」為榮耀。

四、上博楚簡《容成氏》中的文武圖商故事：文王平九邦的歷史意義

上博楚簡《容成氏》的文武圖商故事，也是重要發現。㊻這個發現的重要性在哪兒？我看主要

㊴ 中國社會科學院考古研究所編《殷周金文集成》，第八冊，北京：中華書局，一九八七年，四三一五號。又參看：李零〈春秋秦器試探——新出秦公鐘、鎛銘與過去著錄秦公鐘、𣪘銘對讀〉，《考古》一九七九年第六期，五一五—五二一頁。

㊵ 《殷周金文集成》，第一冊，北京：中華書局，一九八四年，二七二—二八五號。

㊶ 《古史新證》，五—六頁。

㊷ 《古史辨》，第一冊，下編，二六四—二六七頁。

㊸ 李零〈論燹公盨發現的意義〉，收入保利藝術博物館編《燹公盨》，北京：線裝書局，二〇〇二年，六五—八一頁。

㊹ 承北京大學考古文博學院劉緒教授教。

㊺ 承俞偉超先生教。參看：俞偉超〈長江流域青銅文化發展背景的新思考〉，收入所著《古史的考古學探索》，北京：文物出版社，二〇〇二年，一三八—一四三頁。

㊻ 《上海博物館藏戰國楚竹書》（二），二八三—二九三頁。

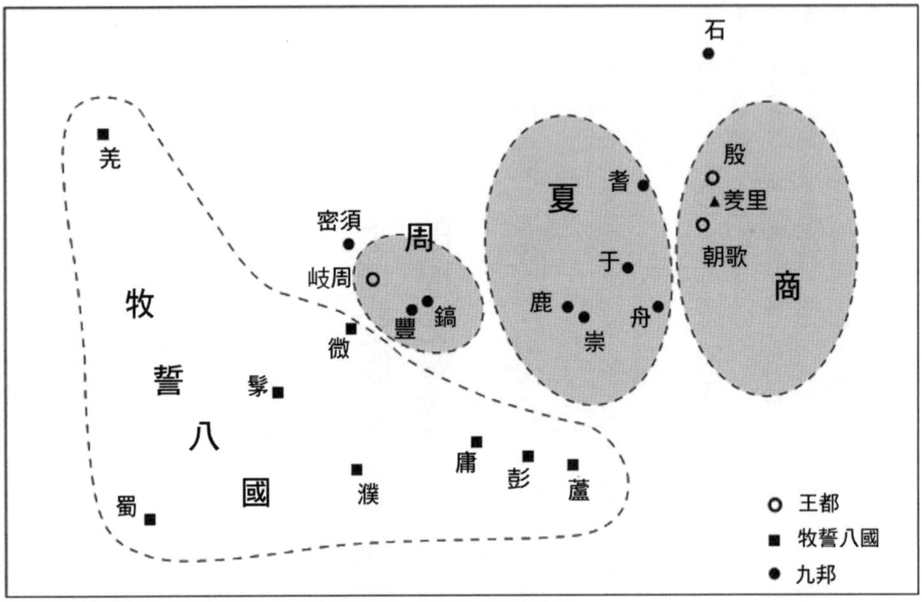

文武圖商形勢圖（鍾曉青 繪）

就在，它把「小邦周」滅「大邑商」的秘密講了出來。這個秘密是什麼？就是先有文王以「周方伯」或「西伯」的名義先平定「九邦之叛」，然後，才有武王的一舉滅商。

過去，讀西周史和研究西周考古的人，大家都知道，周人是住在今陝西的寶雞地區，它是沿渭水東進，從今扶風、岐山一帶到今咸陽、西安，不斷向東擴張，最後師渡孟津，在今河南淇縣，把紂王打敗。我們都還記得，牧野之戰的誓師之辭，即《書．牧誓》，它一上來就是向「西土之人」喊話，說「嗟！我友邦冢君，御事：司徒、司馬、司空、亞旅、師氏、千夫長、百夫長，及庸、蜀、羌、髳、微、盧、彭、濮人，稱爾戈，比爾干，立爾矛，予其誓」。它所說的「牧誓八國」，一般以為，就是西土聯軍的主要參加國。武王就是靠這八個國家打敗了商朝。「牧誓八國」，學者多有考證，[47]意見不盡統一。一般認為，庸在湖北竹山，蜀在四川成都，羌在甘、青一帶，髳在四川巴縣（或說在山西平陸），微在陝西眉縣，盧在湖北襄樊，彭在湖北房縣（或說四川彭山），濮在四川、湖北一帶。儘管其考證還並不盡可靠，但總的印象，它們是分佈於岐周之西和之南。其西是甘、青，其南是秦嶺山區、四川盆地和漢水流域（寶雞㢐國墓地和城固、三星堆等地的發現，是相關文化的遺物）。這八個國家，是它的後方依託。

但是，現在上博竹簡告訴我們的是另一個故事。它說，周的崛起，是因商紂無道，九邦反叛，文王自告奮勇，願意前往平叛，商紂釋其囚禁（從殷墟南的羑里釋放，但簡文作「出文王于夏臺之下」），讓他討伐九邦，才使周的勢力得以壯大。這裡的「九邦」是什麼？簡文說，是豐、鎬、舟、石、于、鹿、耆、崇、密須。㊽文王起兵，「七邦來服，豐、鎬不服」，文王「三鼓而進之，三鼓而退之」，示其不忍加兵，結果是豐、鎬也投降。然後，文王歸周，內修其政，及武王即位，才有牧野之戰，終於滅商。

簡文提到的文王平九邦，對我們來說，是個新知識。雖然，它說的九邦，在古書中也不是毫無記載，但九國並舉，全列其名，卻是前所未聞。㊾我在簡文的注釋中曾指出，文王平九邦，於史無考，只有《禮記．文王世子》提到過一下。〈文王世子〉說，文王有病，武王侍疾，文王病情好轉，武王才敢安睡。第二天，文王問他做了什麼夢，他說夢見天帝賜他「九齡」。文王說，你以為

㊼ 參看：顧頡剛〈牧誓八國〉，收入所著《史林雜識》，北京：中華書局，一九六三年，二六—三三頁；《中國歷史地圖集》，第一冊，上海：中華地圖學社，一九七五年；復旦大學歷史地理研究所《中國歷史地名詞典》，南昌：江西教育出版社，一九八六年。

㊽ 請參看簡文原文和我的解釋。九邦之名，原作「豐」、「鎬」、「舟阝」、「石邑」、「于」、「鹿」、「耆」、「宗」、「禽須」。

㊾《左傳》襄公四年「文王率殷之叛國以事紂」，《逸周書．程典》「文王率諸侯，撫叛國」，也含糊地說到這一事件。

是什麼意思？武王說，大概是指「西方有九國焉，君王其終撫諸」。文王說，不對，「九齡」是說年齒，即我可以活一百歲，你可以活九十歲，我要把我的壽數勻出三年給你。所以，文王活了九十七，武王活了九十三。前人對這段話有很多解釋，很多爭論，真實不真實，合理不合理，我們不去管（饋贈年齡，肯定是故事）。但它提到文王曾撫有「西方九國」，還是很有根據。記文提到的「西方九國」是哪九個國家，舊注失解，誰也不知道，孔穎達猜測說「今云西方有九國於時未賓，則未有二分諸侯也。或以為庸、蜀、羌、髳、微、盧、彭、濮之徒，未知定是何國也」，顯然是無可奈何。現在有了《容成氏》，我們才知道，它是指上面的九個國家（簡文「九邦」，〈文王世子〉作「九國」，「邦」作「國」是漢以來的避諱改字）。

上述九邦，豐、鎬是實力較強的國家。它們就是古書所說「文王都豐」、「武王都鎬」（《詩·大雅·文王有聲》、《世本·居篇》、《史記·秦始皇本紀》）的「豐」、「鎬」。得此二國之地，周人的勢力才由周原一帶推進到西安，在那裡建立新的都邑。密須在今甘肅靈臺一帶，位於周原正北，是陝甘地區黃土高原上的戎狄強國。這些是周以北和周以東的重要國家。其他國家，舟在今河南新鄭一帶，鹿、崇在今河南嵩縣一帶，于在今河南沁陽一帶，耆即《書·西伯戡黎》的「黎」，在今山西長治一帶，大體範圍屬於商王朝佔領的夏人故地，也就是考古學家說的夏文化分佈區。它們當中，只有石還不能肯定（暫以東周以來的石邑當之。石邑在今河北石家莊以西的鹿泉一帶，在殷墟以北）。

對比文獻，我們可以發現，這些國家也就是所謂「文王受命七年」，在這七年裡征服的國家。古書講這七年，如《史記·周本紀》，它是以文王決虞、芮之訟為受命之年，第二年伐犬戎，第三年伐密須，第四年伐耆，第五年伐邘（即上「于」），第六年伐崇，第七年作豐邑。簡文未及虞、芮，也沒有犬戎（疑與密須為同類，而有意省略），但比它多出豐、鎬和舟、石、鹿。㊿這裡面，豐、鎬的發現最重要。因為過去讀《詩經》，其〈文王有聲〉說「文王受命，有此武功。既伐于崇，作邑于豐」，很多人都以為文王是在崇的故地作建豐邑，甚至到西安附近尋找，把老牛坡遺址當作崇國。[51]其實，崇是崇，豐是豐，簡文記載，畫然有別。詩句的「既伐于崇」，很可能是指「五年伐于」和「六年伐崇」。「七年作豐邑」，只是時間接在這兩役之後，它是滅豐、鎬而設，和崇並沒有關係。這七個國家，都是考古學上應該尋找的重要文化遺存。

由於簡文的補充，現在可以看得比較明白，周人滅商，是分三步走。第一步，是奪取上面說的「周板塊」（我是說，完整地奪取「周板塊」），即以今寶雞地區為核心，以它的南部與國和西部與國（即「牧誓八國」）為後方依託，北征犬戎、密須，東征豐、鎬，佔領整個關中地區。第二步，是奪取上面說的「夏板塊」，即平定上面講的舟、石、于、鹿、耆、崇六國。第三步，是奪取上面說的「商板塊」，即對商王畿形成合圍之勢，進行牧野決戰。過去，孔子有一名言，叫「三分天下有其二，以服事殷」（《論語·泰伯》），同樣說法也見於《逸周書·太子晉》，看來是古代成說。這兩句話，舊注以為指文王受命，行其德，武王即位之前，於九州之中取其六州（荊、梁、雍、豫、徐、揚），只有三州（冀、兗、青）仍在紂的掌握之中，但周仍臣事於殷（《論語》鄭玄注）。前人已經指出，文王時，周已兼有冀土，而豫州尚多屬紂，未必能以州數為分割，「三分天下有其二」只是約略言之，並非專指他說的六個州（王夫之《四書稗疏》）。現在我們知道，它的真實含義恐怕是，武王即位前，周人已盡取關中，復奪夏地，佔有天下的三分之二。武王以天下的

㊿《尚書大傳》伐邗在二年，伐犬戎（作「畎夷」）在四年，伐耆在五年，與此不同。

[51] 劉士莪編著《老牛坡》，西安：陝西人民出版社，二〇〇二年，三五七—三六一頁。

三分之二，去攻打天下的三分之一，這是兵家所謂的「多算勝少算」（出古本《孫子兵法．計》，今本《孫子兵法》作「多算勝，少算不勝」，「不勝」是衍文），勝負之分顯而易見。

簡文的發現，對理解武王克商太重要。因為光靠周人自己，光靠牧誓八國，周人滅商是斷不可能。過去，古人講周人滅商，總是以文王、武王並舉，一個行仁恩，一個奮武威，好像雙璧，他們確實是密不可分的一對人物。我們可以說，沒有文王平九邦，就沒有武王克殷商。簡文的補充，使我們對武王克商有了順理成章的解釋。

五、一點補充：重讀周原甲骨，說文王拘羑里，商紂封西伯

文王平九邦是在文王拘羑里、商紂封西伯之後。過去讀《史記．周本紀》，我們的印象是，文王是商紂的三公之一，其他兩位是九侯和崇侯虎（「三公」之說不可信，我們從稱呼看，他們應是周的方伯和諸侯）。他的被拘是由於崇侯虎進讒言，被放是由於閎夭獻寶馬美女和珍奇怪物。獲釋後，商紂「賜之弓矢斧鉞，使西伯得征伐」。這是「文王受命七年」以前的故事。當然，這裡應當說明的是，古書對人名的稱呼，經常是把後來才有的稱呼加在以前發生的事上，存在逆溯的誤差。如《左傳》講魯隱公如何如何，「隱公」是死後才有的稱呼，活著不會這麼講，金文中的謚稱和日名也是如此，一旦出現，人已經死了，所有描述都是追記。古書講「文王」，也是如此。文王在商朝作西伯時，當然不能排除，他在當地也自稱為王（但稱王也並無證據），就像西周時期的呂王、豐王和𢦚王，都是以小國稱王，但對商朝的天子而言，他是西伯不是王，更不會自稱「文王」。我們使用「文王」，只是按習慣說法，稱呼起來比較方便而已。

現在，真正屬於這一時段的古代銘刻材料主要是周原甲骨中的幾片。大家說的「周原甲骨」，是二十世紀七〇年代的發現，即一九七七年陝西鳳雛村西周建築遺址西廂房H11和H31兩坑出土的一千七百餘片甲骨，以及一九七九年陝西扶風齊家村H1、3、4三坑出土的三十四片甲骨，不是最新發現。這些甲骨，過去是靠摹本研究，往往不太準確，理解也存在問題。最近，曹瑋先生編的圖錄，[52]照相製版，彩色印刷，提供了更為可靠的研究依據，聯繫上述發現，重新閱讀，感覺是不一樣的。[53]

這裡，我說與文王拘羑里、商紂封西伯的故事有關，主要是指周原甲骨中年代較早的幾片，即H11出土的一、八、八二、八四、一一二、一一五、一三〇七片。這幾片甲骨，過去存在爭論，有人說是商人的甲骨，有人說是周人的甲骨，我看還是周人的甲骨。「商甲骨」說，主要是因為這幾片提到了商王的祭祀，學者囿於「神不歆非類，民不祀非族」（《左傳》僖公四年）的成說，不敢相信是周人的卜辭。現在，我的理解有點不同。我的看法是，這幾片甲骨中的「文武帝乙」、「文武丁」、「大甲」當然是講商王的祖先，而且沒有問題，都是講商紂對其祖先的祭祀，卜辭中的「王」肯定是商王，但它所謂的「冊周方伯」或「典冊周方伯」，以及「呼宅商西」，等等，還是應該理解為冊命周方伯，讓他住在商的西面。「冊」字，原文加口，寫法同於殷墟卜辭，過去多以為指殺牲為祭。但用在這裡，無論如何講不通。我們不能說，它是指殺文王為祭。現在我考慮，古代祭祀，往往要殺牲血祭，將禱求誓告之辭書之於冊，與牲同埋，比如著名的侯馬盟書、溫縣盟書，都是如此，卜辭「冊」字，雖往往與牲連言，但本身並不是殺殉，而是指埋牲加書。也就

---

[52] 曹瑋編著《周原甲骨文》，北京：世界圖書出版公司，二〇〇二年。

[53] 李零〈讀《周原甲骨文》〉，待刊。

是說，它是指冊命周方伯。這種冊命與西周金文中的冊命應比較相似。金文中的冊命，不管同族不同族，經常都是在周廟舉行。我們不能因為卜辭提到商王的祭祀，就說這些卜辭都是商王的卜辭。因為它的重點還是講冊命周方伯，而不是祭祀商王。祭祀商王只是冊命的背景。卜辭這麼講，我理解，這只能證明，當時的周人仍臣事於殷。這和古書的講法是一樣的。

周方伯，古書多稱「西伯」，即西土之國的首領。他的被封，現在看來，主要是因為有九邦之叛，他自告奮勇，願為商紂出征。他受封西伯，得專征伐，這件事，對周人是天賜良機，一則藉以脫身，二是師出有名。他可以打著商王的旗號，削弱商王的統治。他所平定的九邦，本來都是商的與國，有些是鞭長莫及的西土之國，有些是征服佔領的夏代故國，有的不親，有的有仇，本來就是薄弱環節。商代末年，會其衰落，各國反叛，當然是機會。文王抓住這個機會，蠶食鯨吞，陷商紂於孤立，才會有牧野之戰的兵敗如山倒。

過去，司馬遷講「文王拘羑里」，他是以「勾踐困會稽」作為類比（《史記．越王勾踐世家》）。這確實是個報仇雪恥的類似故事。戰國時期，經過演義，故事更趨戲劇化。如《漢書．藝文志．諸子略》道家有《太公》、《辛甲》、《鬻子》，小說家有《鬻子說》，還有很多子書，其中也含這類故事。其中尤以太公的故事最出名。當時人把太公描寫成間諜，說他「三入文王三入殷」，比如《孫子．用間》和《鬼谷子．忤合》，它們都提到這樣的故事。這些故事都是圍繞著文王的勝利大逃亡，用小說的題目來命名，就是「文王拘羑里，商紂封西伯」。

上述周原甲骨背後，其實就是這個故事。

另外，我想順便說一句，武王克商的與國，周所經營的外交關係，除上述各國，肯定還有很多國家。比如文王身邊的謀臣（也是武王的重要謀臣），[54]中間就有很多外國人。如太公是呂人，散宜生是散人，鬻熊是楚人，辛甲出辛氏（即莘氏），也不是周人。[55]他們背後的國家也很重要。周原甲骨不但提到蜀國，提到密須（只稱「密」），也提到楚國，就是反映當時的外交關係。這裡面的楚國，表面上離周很遠，但早期都邑可能在今河南淅川一帶（我這麼看），經商洛古道，可以直通藍田（周昭王伐楚和秦惠文王伐楚，都是走這條道）。它與「牧誓八國」的庸、盧、彭、濮也是鄰居（都在荊山一帶）。西周早期，周、楚有密切關係，古人說，鬻子為文王師（見《漢書·藝文志·諸子略》道家《鬻子》下班固注），熊繹為周成王守燎（見《國語·晉語八》），這些傳說，都可反映這一點。昭王以前，楚是周人在南方的重要與國，這是沒有問題的。

六、虞逑諸器的發現：逑的世系，虞官與養馬

今年一月十九日在陝西眉縣楊家村發現的一組銅器窖藏，最近在世紀壇展出，經媒體報導，十分轟動。這是一個寶藏。它出土的二十七件銅器，除一件外，都是屬於一個叫「虞逑」的人所作。[56]

[54] 古書記文、武謀臣有虢仲、虢叔、周公旦、召公奭、祭公、畢公、榮公、太公望、太顛、閎夭、散宜生、南宮括（或作适）、鬻熊、辛甲等人。《書·君奭》提到文王謀臣，有虢叔、閎夭、散宜生、泰顛、南宮括五人，武王時，虢叔已死，只剩四人，《尚書大傳》稱為「文王四友」。〈太誓〉（《左傳》昭公二十四年）也提到武王「有亂臣十人」，《論語·泰伯》引之，孔子說其中九個是男人，一個是女人，馬融、鄭玄謂「十人」是周公旦、召公奭、太公望、畢公、榮公、太顛、閎夭、散宜生、南宮适，外加「文母」（即文王之后太姒）。又《國語·晉語四》提到「二虢」（虢仲、虢叔）、「二蔡」（即兩位祭公）、「八虞」（八位虞官，即伯達、伯適、仲突、仲忽、叔夜、叔夏、季隨、季騧），及「閎夭」、「南宮」（南宮适）、「蔡、原」（祭公、原公）、「辛、尹」（辛甲、尹佚）、「周、邵、畢、榮」（周公、召公、畢公、榮公）。

[55] 「太顛」也許是夨人。「夨」與「散」鄰近（都在今寶雞），字形與「太」相近。

[56] 陝西省文物局等《盛世吉金》，北京：北京出版社，二〇〇三年。

虞逑諸器有八套銘文，最重要的是三套長銘，即逑盤、四十二年逑鼎和四十三年逑鼎，它們都是周宣王晚年的銅器。逑盤，格式與史牆盤相似，也是列敘其歷代先祖奉事周王的業績，和常見的銅器銘文不一樣，我們不妨稱之為「譜牒式銘文」。兩件逑鼎，則屬於冊命金文，格式和毛公鼎相似，在這類銘文中也是長篇。這一發現，意義很多，但最重要還是三點，一是對西周王年的排譜提出挑戰，二是對西周王臣中很重要的一支，即單氏家族的一個分支，有了新的了解，三是對厈邑的再認識。這裡只談後兩點。[57]

虞逑諸器，是由一個以虞為官，其名叫逑的人作器。從逑盤銘文，我們可以知道，他是來源於單氏家族的一個特殊分支。他在西周的第一代遠祖（銘文稱「高祖」）是文王、武王時在王朝擔任大臣的單公，即叔方鼎的「單公」；第二代遠祖（銘文也稱「高祖」）是從單公分出的公叔氏，即單公的第三子，疑即賢簋和恆簋的「公叔」；第三代遠祖（銘文也稱「高祖」）是從公叔氏分出的新支，銘文叫「新室仲」，其實是公叔的次子，盠器稱為「大仲」；第四代遠祖（銘文也稱「高祖」）是以「惠」為謚，以「仲」為行，以「盠父」為字，叫「惠仲盠父」，是新室仲的次子，即盠器的「盠」；第五代遠祖（銘文也稱「高祖」）是惠仲盠父的長子，死後稱「靈伯」（原作「零伯」），「靈」也是謚，可能即同簋的「虞大父」，同簋的同可能是虞大父的弟弟；第六代遠祖（銘文不叫「高祖」，而叫「亞祖」）是又一分支，[58]他是靈伯的次子，死後稱「懿仲」，「懿」也是謚，他是逑的祖父；第七代是懿仲的第三子，即逑的父親，死後稱「恭叔」（「恭」原作「龔」）。這些祖先，只有惠仲盠父以下比較直接。特別是懿仲、恭叔，他們是逑的直系祖考。這並不是逑的完整世系，它只列舉了自己的祖考，以及其祖考的先人，其中有令名垂於後世者。通過這種譜牒式的描述，我們不但可串連西周金文中的一批人名，而且可串連西周金文中的若干家族。

例如，通過串連盠器和逑器，我們可以知道，單公下有益公和公叔兩個分支，益公下有大仲這個分支，大仲（即新室仲）下有盠這個分支，盠下有虞大父（即靈伯）和同兩個分支。逑即屬於虞大父這個分支。

逑擔任虞官，可能從盠就已如此，顯然是世職。一般印象，虞是負責管理山林川澤，這沒有錯。但實際上，這個職官，其職能還要複雜得多，從銘文看，逑不但參與戰爭，還負責王室消費（「用宮御」），甚至和司法有關。逑為什麼參加戰爭，似不好理解，但我們看其祖先盠的銅器，就會明白，這當與周王的馬政有關。盠在昭、穆之際，曾在厈為周王馴馬。[59]出土盠駒尊（兩件），本身就是按馬駒的造型來鑄造，銘文也是講馴馬和賜車；盠方彝（兩件）和盠方尊（一件），銘文是記周王冊命盠，也是命他「司六師王行三有司：司土、司馬、司工」，並兼管「六師、八師藝」。「六師」是拱衛其西都和中都（岐周和豐、鎬）的軍隊。「八師」是拱衛其東都的（成周）的軍隊。他的職責，顯然與戰爭有關。我們明白此事，就能理解，逑為什麼會參加戰爭。其實，文獻記載講得很清楚，虞不僅管山林川澤，還負責馴養鳥獸，養馬也是其中很重要的一項。養馬的虞也叫「騶虞」。周昭王和周穆王，是西周鼎盛時期，大肆對外擴張的兩個代表人物，昭王南征，穆王西征，馬都是重要手段。所以，我們推測，盠也是一位虞官。他與《穆天子傳》中為周天子駕八駿的造父等人約略同時，是個比較重要的人物。

---

57 李零〈讀楊家村出土的虞逑諸器〉，待刊。

58 銘文「高祖」可指「亞祖」以前的任何一代遠祖。「亞祖」是分家立族的標誌。《史記·周本紀》記西周先祖有「高圉」、「亞圉」或與此有關。

59 銘文稱「執駒」，「執駒」見《周禮·夏官·校人》，是一種羈絆馬駒，令之馴服的辦法。

說到虞的職責範圍，我還有一個考慮。它負責王室消費，應與後世的少府相似。少府負責王室消費，資源所出是山林川澤、皇家苑囿和官營工商業，這些均與虞的職能範圍有一定關係。逑器說逑負責王室消費，比較容易理解，但和司法有關為什麼？我的考慮，可能就與官營工業（製造業和土木工程）在傳統上大量使用囚犯和奴隸有關。另外，史頌簋的作器者史頌，他的父親叫「恭叔」，和逑的父親一樣，也使人懷疑，他也是這一家族的分支。如此說不誤，也很有趣。因為史頌雖改作史官，但周王任命他「官司成周賈，監司新造賈，用宮御」，是管商業。這裡，值得注意的是，他的職責同樣包含「用宮御」，看來也與王室消費有關。

虞和王室關係密切，周初，文、武謀臣有「八虞」（八個虞官），它的重要性應引起重視。

七、虞逑諸器的發現：厈邑的再認識

我們說的虞逑諸器，出土地點在陝西眉縣縣城北面的楊家村。這一帶，曾出土過三次銅器，一次是一九五五年，在楊家村東的李家村（和楊家村屬於一個大村）出土過五件銅器，兩件是馬駒形的盠駒尊，兩件是方彝，一件是方尊，作器者即虞逑的祖先惠仲盠父；一次是一九七二年，在楊家村北出土過一件大鼎，作器者名「旟」，器形是康王時的典型器形，銘文是記王姜（康王的王后）賜土田於作器者；一次是一九八七年，也是在楊家村（距離前者的發現地點只有百餘公尺），出土過虞逑的三套編鐘和一套編鎛，共十八件。這次的發現已經是第四次。它們除一九七二年發現的大鼎，其作器者的身份還有待進一步確認，其他都是屬於同一家族（如果一九七二年的發現也屬這一家族，其年代應相當於新室仲）。它使我們懷疑，楊家村遺址一帶很可能就是這一家族的居住地。

而且在遺址東面的李家村一帶，也確實有西周時期的居住遺址（發現過西周的板瓦）。[60]

楊家村遺址是位於眉縣縣城北部。眉縣全境基本上是在渭河南岸，渭水北岸只有沿鐵路走向的馬家鎮（舊眉站）和常興鎮一帶。楊家村即位於馬家鎮的北面。現在經調查，眉縣境內的西周遺址有多處，渭水南岸，主要在第五村、城關、金渠鎮、小法儀鄉、槐芽鎮、青化鄉附近；北岸，主要在楊家村一帶。楊家村遺址是背原面河，即位於周原的南坡，渭河的北岸，在河岸的二級臺地上，略微高起。我很懷疑，盠為周王「執駒」的地點，即厈（原從广从干从攴，他器多从广从干）、豆（原加口在下）二邑，它們可能就在這一帶。

大家都知道，西周金文中，厈是反覆提到的都邑。[61]它的位置在哪裡？這很重要。過去盧連成先生曾考證過這一問題。[62]他注意到，在盠器中，厈是個養馬的地方，而且昭王南征，很多冊賞都在此地舉行，它與豆也比較接近，散氏盤提到的「豆新宮」，就是豆地的宮殿（「新宮」當是比較後起的宮殿）。這是很好的思路。他說，厈是水草豐茂，適於養馬的地方，這點也很合理。但他說，厈是「汧、渭之會」，即秦祖非子為周孝王養馬的地方，在今寶雞，也許還值得進一步考慮。

我覺得盧先生的想法很有啟發，但現在考慮，還有一個可能，厈就在今眉縣境內。為什麼呢？我想講三個理由：

---

[60] 承陝西省眉縣文化館劉懷君先生告。

[61] 見《殷周金文集成》，第十冊，北京：中華書局，一九九〇年，五四〇二、五四〇七號；第十一冊，北京：中華書局，一九九二年，五九八九、五九九二、六〇〇一、六〇〇二、六〇一一、六〇一五號；第十五冊，北京：中華書局，一九九三年，九三〇三號；第十六冊，北京：中華書局，一九九四年，九八九五號。這裡的「都邑」是指規模較大的城邑（古書叫「都」），不一定是國都（古書叫「國」）。

[62] 盧連成〈厈地與昭王十九年南征〉，《考古與文物》一九八四年第六期，七五—七九頁。

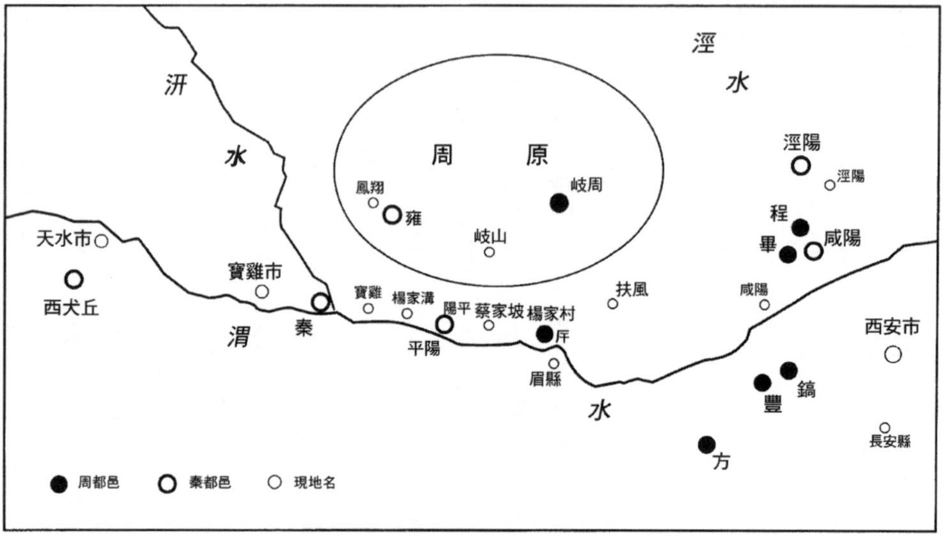

周秦都邑關係圖（鍾曉青 繪）

第一，從地理形勢看，通常說的「周原」，即扶風、岐山一帶，它和它西面的「鳳翔原」是屬於同一地理單元，即廣義的「周原」，或古書所說「自古以雍州積高」的「雍」（《史記·封禪書》）。「雍」是隆起的意思。它西面是寶雞，南面是岐山南境和眉縣北境。如果到過那裡，你會發現，從鳳翔西行入寶雞，原區會陡然下降，進入一片開闊地，即上所謂「汧、渭之會」。這個地方當然適合養馬。但「汧、渭之會」的「渭」繼續東流，穿過寶雞楊家溝鄉和陽平鎮，穿過岐山縣南境的蔡家坡鎮，然後進入眉縣，正好就是楊家村。它們是屬於同一地形帶（後者完全是前者的延伸）。這個地方也同樣適合養馬（當地一直有養馬場）。[63]

第二，上面提到的地形帶，遺址多在渭河兩岸，而青銅時代的遺址多在渭河北岸（即渭水之陽）。如寶雞楊家溝鄉，有西高泉的秦國墓地（我參加過這個墓地的發掘，報告尚未發表），出土過周生豆等西周晚期的銅器；太公廟遺址，出土過秦公鐘、鎛；陽平鎮（即秦邑陽平所在），有侯嘴

其實對於西周，情況也一樣，甚至更重要。因為中國的貴族社會，這一段最典型，離開世系的研究，將無法措手足。況且，西周金文，是家族銅器的銘文，本身就是這種關係的反映。它提到的周公、召公、祭公、虢公、畢公、單公、毛公、益公，榮伯、邢伯、定伯、琼伯、鄭伯，以及尹氏、南宮氏，等等，很多還見於《左傳》，東周時期仍活躍。前後的歷史是連在一起。《左傳》講「並后匹嫡，兩政耦國，亂之本也」（《左傳》桓公十八年），很多問題在西周也肯定存在，只是程度不同而已。讀《左傳》，大家經常可以看到，這類問題的背後，特別是「兩政」問題的背後，總有新、老貴族的殘酷鬥爭。如《左傳》一開頭講的虢、鄭爭政，就屬於這一性質（這是諸侯紛爭的序幕，亂子是從周王的身邊，即他的內服王臣鬧起）。虢是文王時就有的老貴族，鄭是宣王時才露頭的新貴族，他們打起來，對周王都很不客氣。這類鬥爭不僅可以追溯到《春秋》以前的東周時期（前七七〇—前七二二年），而且肯定有更早的來源。貴族社會總要從貴族關係入手。研究西周時期的貴族關係，有三個問題值得注意，一是王朝卿士或稱「公」，或稱「伯」，其稱呼根據是什麼？是不是年紀較大、地位較高才稱「公」，長子繼承才稱「伯」？二是這些公、伯的兒子，除長子因襲舊職，其他人的官爵分配是什麼樣？哪些擔任相關職務？哪些另派其他職務？哪些派往軍事

65 李零〈《史記》中所見秦早期都邑葬地〉，《文史》第二十輯，一五—二三頁。

66 「鎬京」之「鎬」，金文未見，過去以為「鎬京」的「蒿」字，其實應讀為「郊」，參看：李學勤〈釋郊〉，《文史》三十六輯，北京：中華書局，一九九二年，七—一〇頁。又金文中的「莽」字，也不是「鎬」，而是《詩·小雅·六月》「侵鎬及方」的「方」，參看：劉雨〈金文莽京考〉，《考古與文物》，一九八二年第三期，六九—七五頁。劉雨指出，「方」與「鎬」應當鄰近，而且是在它的西面，比較合理。如果這一判斷正確，則方的位置很可能是在今長安縣的西面，即戶縣一帶。

67 盧連成〈斥地與昭王十九年南征〉。

要地，擔任外服諸侯（如周公次子封魯，召公次子封燕）？過去，吳其昌編過《金文世族譜》。[68]今後，這類工作仍有待深化。我們應對每一支重要貴族作跟蹤調查，看看它有什麼分支，前後的興衰之跡如何，相互的結構關係怎樣。這對判斷西周歷史的變化很重要。

（二）西周都邑的遷徙

現在，回顧上面講過的問題，我想指出一點，西周的「天下」是由三大塊構成，它取天下，是先得關中，次奪夏地，再併商地。關中所以封王臣，夏地所以建東都，封晉國，商地所以封宋、衛、齊、魯、燕，這是基本結構。及其勢衰，則先失本土。本土既失，乃避居東都，轉而依靠外服諸侯。他搬到成周、洛邑，是以虢、鄭為兩翼，一左一右，拱衛京師，作內層保護，而以北面的晉國為外層保護，古人叫「晉、鄭焉依」（《左傳》隱公六年）。其實是回到夏人的故地。平王東遷，當然是一次大搬家。但規模較小的搬家一直就有。它的每一次搬家，都是諸侯護送，王臣跟著一起搬，在新都附近形成新的采邑區，甚至可能分封新的諸侯。所以，各支貴族（不是所有），在每個都邑周圍可能都有自己的據點。西周的很多問題，特別是結構性的問題，也隨搬家而轉移，和東周的歷史密不可分。它們的采邑和王都是什麼關係？和諸侯是什麼關係？這也是跟蹤調查的內容。比如虢在寶雞有，在三門峽有，豐、鎬有沒有？邢在豐、鎬有，在寶雞、周原有沒有？它和邢侯是什麼關係？這些都是值得研究的問題。當然，研究這一問題，我們要區別內服與外服，比如我曾指出，周之西土多王臣采邑，東土多諸侯封國；王臣只稱公、伯，諸侯多稱侯（東方的某些古國有例外，但西周分封的諸侯大體如此），就是規律。但平王東遷，其內服王臣也隨之東遷，有大片封土，卻與外服諸侯容易混淆。比如春秋初年的虢、鄭，長期被當作諸侯，特別是鄭，混淆尤甚。

治《左傳》者，向來也都把它列為諸侯。三門峽發現的東周初年的墓地，長期以來，也一直是叫「虢國墓地」。然而虢只稱公，鄭只稱伯，而不稱侯，他們是王朝卿士，《左傳》講得很清楚。我們把它們的封地也稱為「國」就不太合適。過去，研究兩周銅器，所據多為傳世品，現在有一大批新的考古報告發表，[69]我們還來不及讀，更談不上做系統的消化。但光是粗粗瀏覽一下，大致對比一下，我們已明顯感到，很多舊的認識已發生動搖。如果我們能對這些新材料作斷代分域的研究，我相信，東周和西周的歷史，中間的脈絡會更加貫通。

當然，值得研究的問題還很多很多，這裡只是舉兩個例子。它是「餘論」，而不是「結論」。這也是「開放的史學」必有的節目。[70]

---

[68] 吳其昌《金文世族譜》，上海：商務印書館，一九三六年。

[69] 如：河南省文物考古研究所等編《淅川下寺春秋楚墓》，北京：文物出版社，一九九一年；北京市文物研究所編《琉璃河西周燕國墓地》（一九七三—一九七七），北京：文物出版社，一九九五年；洛陽市文物工作隊編《洛陽北窯西周墓》，北京：文物出版社，一九九九年；中國社會科學院考古研究所編《張家坡西周墓地》，北京：科學出版社，一九九九年；河南省文物考古研究所等編《三門峽虢國墓》第一卷，北京：文物出版社，一九九九年。此外，平頂山應侯墓地的報告也即將出版。另外，有些老報告，如中國科學院考古研究所編《上村嶺虢國墓地》，北京：科學出版社，一九五九年；盧連成、胡智生《寶雞𢐗國墓地》，北京：文物出版社，一九八八年，也都應該重新閱讀。

[70] 最後，回到「開放的史學」，我還想再說兩句。讀者可能會覺得，我的研究，家法有點亂。我承認，今天的學術研究都是分工體系下按部就班的知識生產（而且是產業化、集團化，已達到「四海無閒田」的地步），但我是把研究和幹活分為兩件事，不以為什麼都得按自己的職業講話，不允許越界和串行。我認為，真正的研究，都是以問題為中心，碰到什麼解決什麼，不懂不會了，就去請教別人或開發自我，該補什麼補什麼，而不是按學科的生產流程講話。特別是在「三代考古」的研究上，我是「三代無學科」論（張光直先生的說法）。這也是我理解的「開放史學」的一個意義。

附記：

本文所附地圖是由中國建築技術研究院建築歷史研究所鍾曉青先生繪製，謹致謝忱。又〈文王有聲〉「既伐于崇，作邑于豐」，俞樾《古書疑義舉例》已指出「于」即《史記．周本紀》「五年伐于」之「于」，陳夢家《殷墟卜辭綜述》（北京：科學出版社，一九五六年）二六〇頁、《尚書通論》（北京：中華書局，一九八五年）五八頁也肯定了這種讀法，並指出古書所說的「于國」或「邘國」就是甲骨卜辭中的「盂方」。

二〇〇三年四月十一日寫於北京藍旗營寓所

（原載《中國學術》，二〇〇三年第二期）

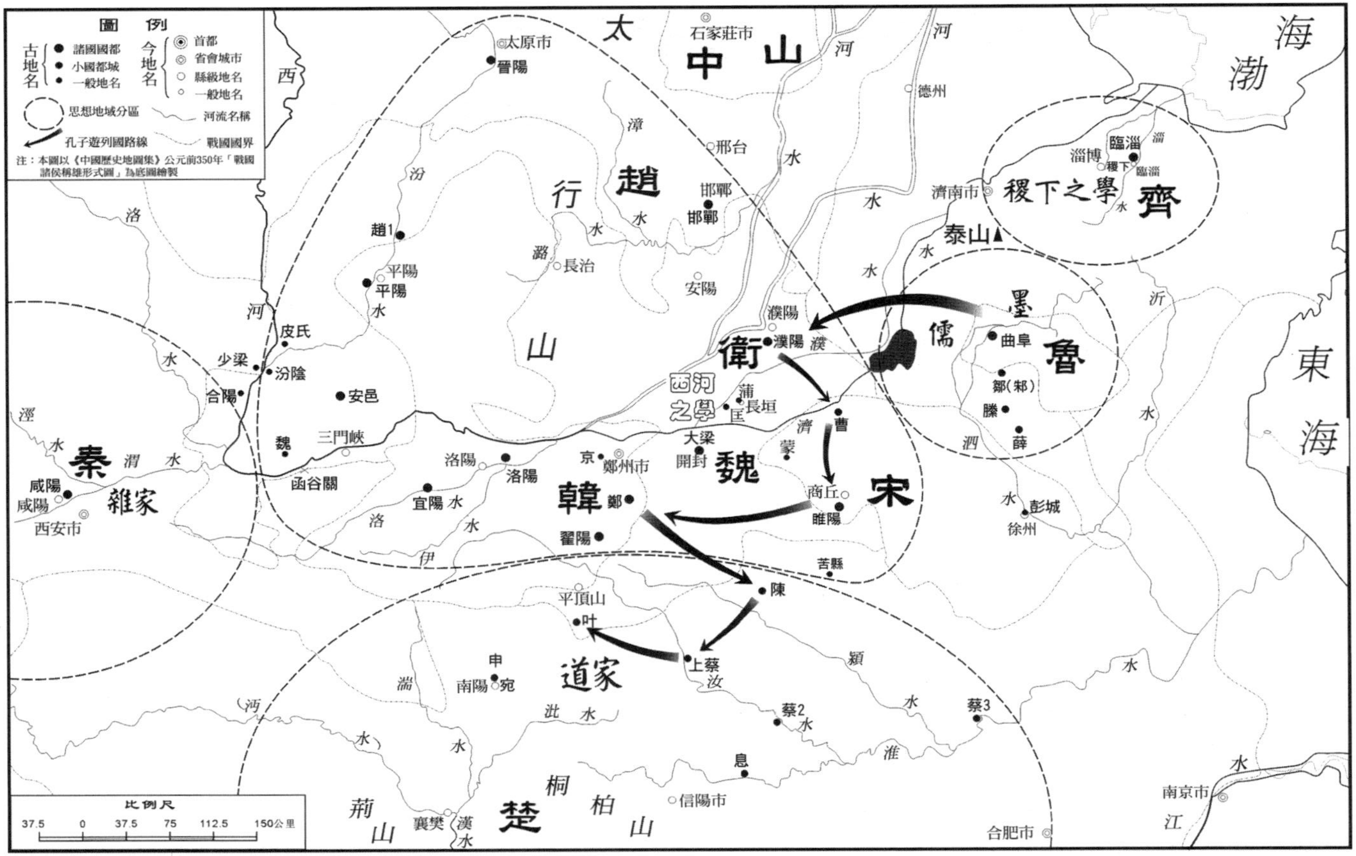

周秦都邑關係圖（鍾曉青 繪）

先秦諸子的思想地圖——讀錢穆《先秦諸子繫年》

我的講話，只是篇讀書筆記，讀錢穆的《先秦諸子繫年》。[71]我想從地理角度，重新思考一下先秦諸子的譜系，[72]講講我的心得體會。

一

（一）「十個手指頭還不一般齊呢」

歷史是個比較體系，有時間坐標，有空間坐標，年表和地理很重要。

考古也是個比較體系，器物有類型比較，文化有區系比較，橫有橫比，縱有縱比，就像地圖上的經緯線。

美國的街區就是按經緯編序，你要找哪一家，經路（Avenue，豎街）緯路（Street，橫街）兩個號一卡，位置就出來了。

思想史也有這種坐標。

古人有縮天下於指掌的說法（《論語．八佾》）。思想，縱橫比較，有如指掌圖。十個手指頭平行，都有兩個關節，上中下三截，每截和每截有對應關係，但我們要注意，十個指頭並不一般齊，互相對應的關節點，位置是錯開來的，不是齊頭並進，也不是齊頭並退。

歷史比較，常有錯位。「天涯共此時」，只是個手錶上的概念。同一時間下的人可以有不同的歷史，不同時間下的人可以有共同的歷史。只有把空間的要素加進來，時間才會變得生機盎然、豐富多彩。

下面我要講的，是先秦諸子的地域分佈。分國分域，不是不要時間，而是把同一時間表下不同地區的關係，當作一種歷時性的過程來考察，就像波浪，一浪推一浪。我是從分國分域的角度看時間問題，看它們在發展上的不平衡性。

總之，十個指頭並不一般齊。

（二）大趨勢：東學西漸

錢穆寫過《先秦諸子繫年》，我要談的是「先秦諸子分域」。

《繫年》主要訂正《史記》的〈六國年表〉，給諸子排年。他的書很多，我最喜歡這本書。

現在我要說的是，講思想，除了年代，地理也很重要。

我說過，華夏地理，要看三條線，一條是北緯四十一度線（長城線），一條是北緯三十八度線（過渡線），一條是北緯三十五度線（王都線）。早期中國，華夏各國的主要活動區是圍繞最後這

⓫ 錢穆《先秦諸子繫年》（全二冊），北京：中華書局，一九八五年。

⓬ 參看：傅斯年〈戰國諸子之地方性〉，收入氏著《戰國子家講義》，天津：天津古籍出版社，二〇〇七年，二五—三六頁。

條線，上下各三度。它像一個橫幅，可以剪成四大塊：山東、河南（包括河北南部）、山西（包括河南西部）、陝西。

講地理，講自然地理，山、水是兩大要素。

水：「黃河之水天上來，奔流到海不復回」（李白〈將進酒〉）。這條大河，是把剪刀，豎著剪一刀，分出陝西、山西；橫著剪一刀，分出河之北和河之南。小一點的河也重要。孔子教於洙泗，子夏教於西河，稷下學宮在哪裡？在淄、系二水之間。

山：也是把剪刀。崤（崤山）、函（函谷關）以東是古人說的山東，以西是古人說的山西。這個山東是陝東（陝縣以東），這個山西是陝西（陝縣以西）。秦與六國是這麼分。現在的山東是太行以東，山西是太行以西。太行也是一道屏障。它上面有八個出口（即所謂「太行八陘」），從這些出口出來，河北、河南、山東，華北大平原，除泰山獨樹其中，幾乎是一馬平川。泰山以西，是宋、衛、鄭，泰山以北是齊，泰山以南是魯。

中國古代的學術發展，從這幅地圖看，從早到晚，大趨勢是東學西漸，山東傳河南，河南傳山西，山西傳陝西。

我把它分成六區：

(1) 魯地（今山東南部），是東夷故地。

(2) 齊地（今山東北部），也是東夷故地。

(3) 宋、衛、鄭（今河南北部的東半），是商的故地。它處於南來北往的中心，好像現在的鄭州或武漢，是古代思想的集散地。

(4) 楚地（今河南南部，並延伸到今湖北、湖南），陳、蔡在東，葉、申、息在西，都是楚的勢力範圍。楚在北方，滅國設縣，申公、息公、葉公、陳公、蔡公，大縣的縣公，地位非常高。這些地方也是楚。我們一說楚，很多人都以為是湖北、湖南。其實河南南部同樣是楚。所謂楚人，很多都是河南人。老子就是河南人。

(5) 三晉兩周（今河南北部的西半和今山西西南部），是夏的故地。

(6) 秦地（今陝西），是周的故地。

三代的歷史，春秋戰國的歷史，就是畫在這個橫幅上。

（三）司馬遷筆下的思想史

研究思想史，《莊子．天下》、《荀子．非十二子》、《韓非子．顯學》是入門，可惜太簡略。《淮南子．要略》值得注意。它講了四個國家：魯、齊、韓、秦，線條有點粗，但意思已經有了。它已經用了分域的概念。還有《史記》，也是必讀書。

《史記》，材料豐富，具有不可替代性，就是講錯了，都不容忽視。作思想史，沒有《史記》怎麼行？司馬遷作《史記》，《竹書紀年》還沒發現。現在作戰國史，都是用《紀年》糾正《史記》。錢穆作《繫年》也如此。《史記》有錯誤，主要問題是，各國記各國，彼此有矛盾。他試圖把列國的紀年整合在一起，還不夠完善。

研究思想史，要讀《史記》，首先是〈太史公自序〉。自序講司馬遷的學術淵源，提到司馬談的《六家要指》。

有人說「先秦無六家」，《六家要指》是漢代的分類，不對。這個分類雖出自司馬談，但不是為漢代學術分類，而是為戰國學術分類。分類是針對先秦古書。我們要知道，漢初，去古未遠，講學術，還是古典為主，今學為輔。司馬遷的《史記》是大歷史，不是斷代史，框架是古代框架。《漢書．藝文志．諸子略》分九流十家，順序有變化，種類有增加，但基礎是《六家要指》。這就像李悝《法經》和漢《九章律》，《九章律》比六律多，但大框架還是六律。

六家，儒、墨是先秦固有的說法，陰陽、道、法、名也是存在差異的四大類。整理古代圖書，不分類可以不管這類概念，一分類就要考慮這類概念。圖書分類，類別有交叉，怎麼辦？不得已，有互見重出之法。我們不能說，分類不周全，就不用分類。

六家的順序，〈太史公自序〉有三種排列：

(1) 陰陽、儒、墨、名、法、道。

(2) 儒、墨、法、名、道、陰陽。

(3) 陰陽、儒、墨、法、名、道。

三種分類，不管怎麼排，都是由三大類組成：儒、墨是一類，法、名、道是一類，陰陽是一類。它和〈天下〉的敘述順序很接近。但〈天下〉沒有陰陽家，它加了陰陽家。即使這一家，也不是漢代的發明。

戰國學術，儒、墨是顯學，年代最早；法、名、道、陰陽大行，主要是戰國中晚期。

《漢志》的六家，是按儒、道、陰陽、法、名、墨排列，和《六家要指》不一樣。這個順序倒是有點接近漢代的理解。漢代，儒、道、陰陽才是顯學，法、名、墨已經衰落。法家只剩一個漢人（晁錯），名家只剩兩個秦人（成公和黃公），墨家一個秦漢人都沒有。漢代沒有六家，只有三家。

六家的分類，涉及方法問題，這裡不能詳談。我只強調一點，轉述是個複雜的過程。兒子講爸爸的想法，其中肯定有兒子的理解，肯定有追述的誤差，甚至可能包含曲解，有意或無意，但這不等於說，兩者可以畫等號。兒子轉述爸爸的話，雖不必等於爸爸的原話，但也不能說就一定是兒子的話，什麼都是他編出來的。

其次，《史記》有〈孔子世家〉。先秦諸子，只有他一人進世家。孔家，秦代倒楣，漢代平反。孔鮒跟陳勝造反，是被逼無奈。劉邦臨死，給他們平反，都追認為烈士。〈孔子世家〉是和〈陳涉世家〉並列，他們都享受王侯級待遇。這是獨尊孔子。

除〈孔子世家〉，司馬遷的三十列傳，有十二個和先秦學術有關，人物達一百一十一人。漢代習慣，一人可以叫一家，一書可以叫一家，《漢志》有這種用法。它已經有「百家」。我為什麼說《史記》重要？就是因為它提到的人物最多，「百家爭鳴」的「百家」，只有它說出個輪廓。

(1)〈管晏列傳〉（管子、晏子），涉及《管子》和《晏子》，《管子》和道、法有關，《晏子春秋》和儒、墨有關，都是齊系統的書。

(2)〈司馬穰苴列傳〉（司馬穰苴），涉及《司馬法》。《司馬法》是齊系統的兵法。

(3)〈孫子吳起列傳〉（孫武、孫臏、吳起），涉及《吳孫子兵法》、《齊孫子兵法》和《吳起》。前兩種是齊系統的兵法，後一種是魏國的兵法。

(4)〈老子韓非列傳〉（老聃、關尹、莊子、申不害、韓非），講道家和法家，全是河南人，老聃是楚人，莊子是宋人，申不害、韓非是韓人。

(5)〈仲尼弟子列傳〉（孔門七十子），講第一代儒學。「七十子」是七十七人。他們，籍貫可考者，魯人佔四十四人，齊人佔七人，衛人佔五人，其他國家，每個國家只一人，頂多兩人。魯、齊、衛是孔子活動的主要範圍。

(6)〈商君列傳〉（法家的傳）。商鞅是衛人，在魏、秦做事。

(7)〈蘇秦列傳〉（縱橫家的傳）。蘇秦是東周洛陽人，遊學於齊，師鬼谷子，學太公術。

(8)〈張儀列傳〉（縱橫家的傳）。張儀是魏人，與蘇秦同學。

(9)〈孟子荀卿列傳〉（七十子之後，與孟、荀先後的諸子雜傳）。凡十七子：孟軻（鄒人）、鄒忌（鄒人）、鄒衍（鄒人）、淳于髡（齊人）、慎到（趙人）、環淵（楚人）、接子（齊人）、田駢（齊人）、鄒奭（鄒人）、荀卿（趙人）、公孫龍（趙人）、劇子（趙人）、李悝（魏人）、尸子（楚人）、長盧（楚人）、吁子（「齊之阿人」）、墨翟（「宋之大夫」）。注意，它是把墨放在最後。其中鄒衍、淳于髡、慎到、環淵、接子、田駢、鄒奭、荀卿是稷下先生。

(10)〈呂不韋列傳〉（雜家的傳）。呂不韋是衛人，「陽翟大賈」。

(11)〈魯仲連鄒陽列傳〉（儒家的傳）。魯仲連是齊人。

(12)〈李斯列傳〉（法家的傳）。李斯是「楚上蔡人」。

但司馬遷也有遺漏，比如有四個人他沒提到：宋鈃、尹文、彭蒙、惠施。這四個人相當重要。

（四）籍貫問題

現在填表，有「籍貫」和「出生地」。兩者越來越不一致。居住地也經常換，甚至可能漂洋過海，移居海外。比如我，國籍中國，老家是山西武鄉，出生地是河北邢臺，居住地是北京。

希臘、羅馬，凡是小國變大國，都有移民問題，都有公民身份的認定問題。公民身份，中國古代有什麼規定，值得探討。

我們從睡虎地秦簡的秦律發現，秦國的公民身份是母系認定，只有媽媽是秦國人，在秦國出生，才算秦國人。孔子，祖籍宋國，宋國是他爸爸的老家；魯國是他媽媽家。他有兩個祖國，motherland和fatherland還不一樣。

古璽印和楚簡都可以證明，戰國時期，姓氏分佈已經亂了，每個國家都有很多外來戶和客卿。研究諸子，也有這個問題。同一個人，他算哪個國家的人，古書可能有不同記載，有的是說他的祖籍，有的是說他的出生地，有的是說他的居住地。古人有以封地和居地命氏的習慣，住的地方換了，連氏都跟著變，一個人可以有好幾個氏。

比如孫武子，祖籍是齊，入吳為客卿，人稱「吳孫子」。

比如商鞅，祖籍是衛，後來在魏國、秦國當官。古書提到他，既作「衛鞅」，又作「商鞅」，楚簡提到他，是作「秦客公孫鞅」。

先秦諸子，遊學、遊宦是特點。他們是一種流動人口。流動的走向是大國。現在有「傍大款」，那時是「傍大國」。戰國晚期，有「養士」的風氣，乾脆把他們包養起來。

孔子周遊列國，目的就是「傍大國」。

三十五歲，他上洛陽、臨淄，臨淄相當現在的濟南，洛陽相當現在的北京。

五十五歲，他上衛國，衛國就在黃河邊，過河就去了晉國。他很想去晉國，但沒人請。

六十歲，他從衛國南下，想去楚國。

六十二歲，在陳國，他動過念頭：是不是改去晉國，被子路攔阻。

六十三歲，他在楚國北境見葉公子高，想去楚國。見面前，葉公子高先跟子路打聽，子路說話不得體（估計全是大實話），孔子埋怨他，你怎麼不跟他講，你的老師並不老，他「發憤忘食，樂以忘憂，不知老之將至云爾」（《論語・述而》）。

古人一般活不過五十歲。孔子五十一歲才當官，仕途不順。現在，大學高校引進人才，一般不超過五十歲。六十三歲就該退休了。葉公嫌他年齡大。

春秋晚期，晉、楚是超級大國。他真正想去，是這兩個國家，沒去成。

孟子也轉過不少國家，是個國際學者。戰國早中期，齊、魏是強國，孟子見過齊宣王和魏惠王。荀子也是國際學者，哪個國家都去。更不用說蘇秦、張儀。

現代知識分子，也有流浪者。康有為有個印，印文作「維新百日，出亡十六年，三周大地，遊遍四洲，經三十一國，行六十萬里」。

傅斯年說，「四海無家，六親不認」。

薩伊德說，「背井離鄉」是知識分子的特點。

先秦諸子，都是「亂說亂動」。我們不要忘記，他們的一大特點就是「遊」。「遊」，當然和地理有關。

（五）「分區為論」的重要性

《繫年》，不光為諸子編年，也考其他人物的年，不光考其他人物的年，也考很多事件的年。它的工作重點是「年」。

在自序中，錢穆把子學分成四期，一期一卷：

(1) 萌芽期（春秋晚期），「首卷盡於孔門」，是孔子和七十子的時代，完全講儒。

(2) 醞釀期（戰國早期），「起墨子，終吳起」，「西河之學」（儒學法術派）大盛，「儒墨已分，九流未判，養士之風初開，遊談之習日起」。

(3) 磅礴期（戰國中期），「起商君入秦，迄屈子沉湘」，「稷下之學」大盛，「學者盛於齊魏」。「百家爭鳴」，主要是這一段。

(4) 歸宿期（戰國晚期），「始春申、平原，迄不韋、韓、李」，荀、老大盛，陰陽五行說和刑名法術之學很流行。

錢穆說，「先秦學術，惟儒墨兩派」，「墨啟於儒」，「法源於儒」，「道啟於墨」，「陰陽為儒道通囿，名家乃墨之支裔，小說又名之別派」，這話可以討論，但他說，「諸家之學，交互融洽，又莫不有其旁通，有其曲達」，無疑是對的。

先秦各派，錯綜複雜，你中有我，我中有你，只有從流動中才能理解。

錢穆說，「分家而尋，不如別世而觀；尋宗為說，不如分區為論。」

他的討論就是屬於「別世而觀」，我的討論就是屬於「分區為論」。

二

現在，讓我們打開這幅地圖，輕舒慢卷，從右往左看。

我們先說山東。

山東分齊、魯、莒三塊，上博楚簡《容成氏》講九州，夾州、競州、莒州，就是講這三塊。兩分，則是齊、魯。這個地區，土著是東夷小國，齊、魯是來自周地的移民。

（一）魯地

魯學，特色是儒、墨。儒、墨出於鄒、魯。〈天下〉稱之為「鄒魯之士，搢紳先生」。鄒是現在的鄒城市，秦漢稱騶或鄒（當地出土的始皇詔量，都有「騶」字印），本來叫邾。魯是現在的曲阜市。鄒、魯的南邊，現在的滕州市和棗莊市，還有薛、滕和小邾國。鄒魯紳士的特點是喜歡講禮。東周，誰最保守？宋、魯。宋是殷遺，魯是周後（周公的後代）。拘守舊禮，不僅是宋人的特點，也是魯人的特點。

華紐工程，「文化標誌城」，就是把這一大片圈起來，投資三百億，建中國的「耶路撒冷」。

1. 儒家

孔門弟子，七十子是第一代。所謂「七十子」，不是七十二人，而是七十七人。《論語》提到二十九人，其中最重要，只有十三人。耶穌有十二使徒，孔門有十三賢。十三賢全都沒書，只能看《論語》和其他古書中的故事。

《漢志》的〈諸子略〉，各家開頭都有一本或幾本裝飾門面的老書，所托人物老，並不一定真老。年代是以人物定，分類是以內容定（劉向、劉歆有他們的標準）。儒家頭一本書是《晏子》，就是這樣的書。晏子是孔子佩服的政治家，但並不屬於孔子代表的儒家。下面的書才是儒家。

《晏子》後面的四本書，和七十子有關：

孔伋：《子思》二十三篇（「名伋，孔子孫，為魯繆公師」）。

曾參：《曾子》十八篇（「名參，孔子弟子」）。

漆雕啟：《漆雕子》十三篇（「孔子弟子漆雕啟後」）。

宓不齊：《宓子》十六篇（「名不齊，字子賤，孔子弟子」）。

孔伋是孔老師的孫子，當然重要，但他是孫子，不是弟子，七十子中沒有他。《史記·孔子世家》說「子思作〈中庸〉」。曾參屬七十子，但輩兒最小，《曾子》亡，有不少佚文。漆雕啟和宓不齊，也屬七十子，書亡不存。《漆雕子》是漆雕啟後人的東西。

七十子的學生，是第二代儒家，《漢志》儒家有五本書：

景子：《景子》三篇（「說宓子語，似其弟子」）。

世碩：《世子》二十一篇（「七十子之弟子」）。

魏文侯：《魏文侯》六篇。

李克：《李克》七篇（「子夏弟子，為魏文侯相」）。

公孫尼子：《公孫尼子》二十八篇（「七十子弟子」）。

魏文侯和李克是子夏的學生，他們屬於「西河之學」，詳下三晉兩周節的魏國。更晚的書，還有一些，比較重要，是孟子、荀子和吁子的書，這三位都屬於「稷下之學」或與「稷下之學」有關，詳下齊地「稷下之學」節。

〈顯學〉講儒家八派，有子張之儒、子思之儒、顏氏之儒、孟氏之儒、漆雕氏之儒、仲良氏之儒、孫氏之儒、樂正氏之儒。這八個派別，子張、顏氏無書；子思有〈中庸〉；漆雕氏有《漆雕子》，早亡；仲良氏和樂正氏傳曾子，《曾子》還有佚文，孟氏有《孟子》，孫氏有《荀子》。

2.墨家

儒、墨，戰國早期是顯學，〈天下〉和〈顯學〉都把儒、墨排在最前面，但墨是從儒分出。墨是儒家的反對派，當然晚於儒。

墨徒魁首曰鉅子。戰國早期到戰國中期，鉅子之傳凡五代：墨子—禽滑厘—許犯（＝孟勝？）—田系（＝田襄子、田鳩？）—腹䵍。墨子遊於宋、楚。早期墨家是在宋、楚活動（如禽滑厘救宋，孟勝死楚，田襄居宋），晚期墨家是在秦國活動（如田鳩、腹䵍、唐姑果、謝子入秦）。

《漢志》墨家有六本書：

尹佚：《尹佚》兩篇（「周臣，在成、康時也」）。

田俅：《田俅子》三篇（「先韓子」）。

我子：《我子》一篇。

隨巢子：《隨巢子》六篇（「墨翟弟子」）。

胡非子：《胡非子》三篇（「墨翟弟子」）。

墨翟：《墨子》七十一篇（「名翟，宋大夫，在孔子後」）。

尹佚先墨子，是「招牌菜」，不可能是墨家。《漢志》以此書居前，是向、歆、班氏的體例，無足深怪。可怪者，是它把墨子的書排在最後。

〈顯學〉說墨分三派：相里氏、相夫氏、鄧陵氏，《墨子》十論分上中下，可能就是這三派的不同傳本。它們和鉅子之傳是什麼關係，還值得研究。

墨家很重要，對研究晚期的派別很重要。過去，郭沫若尊儒批墨批法，是以秦始皇比蔣介石。

他把儒家說成革命派，把反對儒家的墨家和法家說成反動派。為了貶低墨家，他說「墨家有擁護嬴秦的嫌疑」。證據是什麼？就是五代鉅子，最後兩代入於秦（田鳩、腹䵍）。[73]李學勤先生也考證，《墨子》的城守各篇是晚期墨家入秦後所作。[74]

去年，何炳棣老先生來北京，找了幾個人，在社科院近代史所，聽他講他準備在台灣發表的演講稿，我在場。他說，他跟他的老師，陳寅恪老師、馮芝生老師，觀點不一樣。他既不尊孔，也不尊法，最欣賞墨家。在他看來，墨家最講道德，最講科學，最擅長治國用兵之術，邏輯思維最嚴密，跟郭沫若的評價正好相反，什麼都好。秦統一天下，一般都認為是法家的設計，但他卻歸功於秦墨。此一家之言也。

（二）齊地

齊國學術最有名，是「稷下之學」。此學盛於威、宣，衰於湣、襄，論起點，不但比魯國的「儒墨之學」晚，也比魏國的「西河之學」晚。戰國早期魏最強，「西河之學」起。戰國中期齊最強，「稷下之學」起。學術與國勢，互為表裡。

1.「稷下之學」

稷下學宮在齊都臨淄（山東淄博市臨淄區），是「齊國科學院」，但「稷下之學」是國際學

---

[73] 郭沫若〈墨子的時代〉，收入《沫若文集》第十六卷，北京：人民文學出版社，一九六二年，一五六—一八〇頁。

[74] 李學勤〈秦簡與《墨子》城守各篇〉，收入《李學勤集》，哈爾濱：黑龍江教育出版社，一九八九年，二九四—三〇九頁。

術。各國學者來遊，儒、墨、道、法、名、陰陽，六家都有，可考者十八人：

淳于髡（齊人）：學無所主，有《王度記》。《禮記・雜記》孔穎達疏引劉向《別錄》：「《王度記》云，似齊宣王時淳于髡等所說也。」

孟軻（鄒人）：魯孟孫氏的後代。《漢志》儒家有《孟子》十一篇（「名軻，鄒人，子思弟子，有列傳」）。錢穆作〈稷下通考〉，附〈稷下學士名表〉有他，打問號，作〈孟子不列稷下考〉，懷疑他不是稷下先生。

宋鈃（宋人？）：〈天下〉是與尹文並列，次於墨翟、禽滑厘；〈非十二子〉是與墨翟並列，估計近於墨家。其學與道家有關，似乎是個「墨—道家」。《漢志》小說家有《宋子》十八篇（「孫卿道宋子，其言黃老意」）。

尹文（齊人）：曾與公孫龍同遊稷下。他的思想和宋鈃是一派，也近於墨家，但專長卻在名學，和趙公孫龍屬於一派，是位「墨—名家」。《漢志》名家有《尹文子》一篇（「說齊宣王，先公孫龍」）。

季真（齊人？）：《莊子・則陽》說，「季真之莫為，接子之或使」，「莫為」是無為，「或使」是有為。道家有無為派和有為派，他倆正好是一對。成玄英疏說，「季真、接子，並齊之賢人，俱遊稷下」。

接子（鄒人）：《漢書・古今人表》作「捷子」，《通志・氏族略四》說，「捷氏，邾公子捷菑之後，以王父字為氏」。《漢志》道家有《捷子》兩篇（「齊人武帝時說」）。王念孫《讀書雜志》卷五謂「武帝時說」四字是涉下文《曹羽》二篇班注而衍。

彭蒙（齊人）：〈天下〉說田駢「學于彭蒙」。成玄英疏說他「姓彭名蒙，齊之隱士，遊稷下」。

田駢（齊人）：是彭蒙的學生。〈天下〉把彭蒙、田駢、慎到列為一派，屬於法家。《漢志》道家有《田子》二十五篇（「名駢，齊人，遊稷下，號天口駢」）。[75]

慎到（趙人）：著名法家，詳下三晉兩周部份。

環淵（楚人）：是楚道家，詳下楚地部份。

王斗（齊人）：有「好士」說（屬「尚賢」說），見《戰國策・齊策四》，《漢書・古今人表》作「王升」。

顏斶（齊人）：有「士貴王不貴」說（屬「尚賢」說），見《戰國策・齊策四》。《漢書・古今人表》作「顏歜」。錢穆認為，王斗、顏斶是同一人。

兒說（宋人）：名家，詳下宋、衛、鄭部份。

荀況（趙人）：著名儒家，詳下三晉兩周部份。

鄒衍（齊人）：陰陽家的代表，《漢志》陰陽家有《鄒子》四十九篇（「名衍，齊人，為燕昭王師，居稷下，號談天衍」）、《鄒子終始》五十六篇。戰國時期，齊人好作海闊天空的怪迂之談，原因是齊地臨海，多神仙家。

鄒奭（齊人）：也是陰陽家的代表，《漢志》陰陽家有《鄒奭子》十二篇（「齊人，號曰雕龍奭」）。齊有三鄒子：鄒忌、鄒衍、鄒奭，祖籍都是鄒。

田巴（齊人）：應屬名家，《藝文類聚》卷二三引《新序》，稱「齊王聘田巴先生，而將問政

[75] 《漢志》道家，屬於齊系統，除接子、田駢的書，還有《黔婁子》四篇（「齊隱士，守道不詘，威王下之」）。

焉」。《史記．魯仲連鄒陽列傳》正義引《魯仲連子》說，「齊辯士田巴，服狙丘，議稷下，毀五帝，罪三王，服五伯，離堅白，合同異，一日服千人」。

魯仲連（齊人）：儒家，《史記》有傳，正義引《魯連子》說，他老師叫徐劫，「有徐劫者，其弟子曰魯仲連，年十二，號『千里駒』，往請田巴曰……」。《漢志》儒家有《魯仲連子》十四篇（「有列傳」）。[76]

另外《史記．孟子荀卿列傳》述稷下學，提到「阿之吁子」。

吁子（齊人）：名嬰。《史記．孟子荀卿列傳》稱為「〔齊有〕阿之吁子」，索隱引《別錄》作「芊子」。《漢志》儒家有《芊子》十八篇（「名嬰，齊人，七十子之後」），前人都說，「芊」是「芋」之誤（《漢書補注》卷三十），但怎麼寫錯，沒說清。案：齊國銅器，盂字所從的于旁類似羊。[77]司馬遷說，「自如孟子至于吁子，世多有其書」。此人是否也是稷下先生，不知道。我們從司馬遷的說法看，他似乎是個年代比較晚的人。

稷下學士，或稱「先生」，或稱「博士」，或稱「大夫」，特點是不當官，不治事，光坐而論道，他們是一批官僚化的學者，而不是學者化的官僚。先秦學術，「儒墨之學」是民間學術，很多人想當官而不得；「西河之學」是官方學術，學問用於當官；「稷下之學」介於二者之間，已經吃上官飯，但相對自由，實用色彩弱，學術色彩濃。

2.齊國學術，除「稷下之學」，還有三大名著

三大名著，是依託齊國的三大名人，兩本放在道家開頭，一本放在儒家開頭，是這兩家的「招牌菜」：

(1) 依託齊太公：《漢志》道家有《太公》兩百三十七篇（「呂望為周師尚父，本有道者。或有近世又以為太公術者所增加也」），包括《太公謀》八十一篇，《太公言》七十一篇，《太公兵》八十五篇。

(2) 依託管子：《漢志》道家有《筦子》八十六篇。

(3) 依託晏子：《漢志》儒家有《晏子》八篇。

蘇秦（周人）、張儀學於鬼谷子（齊人），源頭是《太公》。《漢志》縱橫家有《蘇子》三十一篇（「名秦，有列傳」）和《張子》十篇（「名儀，有列傳」）。今本《鬼谷子》是蘇秦書，應歸入這一系統。

3. 三大兵書，也是齊國特產

(1)《漢志》禮有《軍禮司馬法》一百五十五篇。此書是「齊威王使大夫追論古者《司馬兵法》而附穰苴于其中」（《史記·司馬穰苴列傳》），估計是稷下學子集體編纂。

(2) 依託齊太公：《太公兵》八十五篇。

(3) 孫武、孫臏：《漢志》兵權謀有《吳孫子兵法》（孫武）八十二篇圖九卷、《齊孫子》（孫臏）八十九篇圖四卷。

古人說，「齊人多詐」（《史記·平津侯主父列傳》）。齊國，商業發達，兵法也發達，「齊

[76] 此書之上有《徐子》四十二篇（「宋外黃人」），班固以此「徐子」為「外黃徐子」（見《戰國策·宋衛策》「魏太子自將過宋外黃」），此人是否為徐劫，值得研究。

[77] 容庚《金文編》，北京：中華書局，一九八五年，三三八頁：〇七八四。

國兵學甲天下」。[78]兵學發達，也是齊國的特點。用兵和治國相通，兵家和法家都是琢磨人的學問，兩者有不解之緣。兵法裡面有哲學，講人和人鬥的鬥爭哲學。

三大名著、三大兵書，可能都與稷下之學有關。

（三）宋、衛、鄭

宋、衛、鄭是商的故地，商業發達，政治也發達。戰國，衛地歸魏，鄭地歸韓，宋近於楚。東學西漸，東學南傳，它是個過渡區。

孔子周遊列國，主要是在河南的中部和東部轉，基本路線是：衛（濮陽）—曹（定陶）—宋（商丘）—鄭（新鄭）—陳（淮陽）—蔡（上蔡）—葉（葉縣）。

衛—曹—宋—鄭段是北段，陳—蔡—葉段是南段。

二〇〇七年，我沿著孔子的足跡，走過他走過的路。我真沒想到，他去過的地方，當年的古城，斷壁殘垣，多多少少，都有一些保留。這些古城，一般都很大，比後來在當地建的古城大。走過一圈我才明白，蔡還是上蔡，絕不是負函（負函說出崔東壁，錢穆從之）。

1. 衛國

衛是黃河故道擺動的地區。衛城，黃沙淤埋，沉睡地下，只是二〇〇六年才探明其範圍。

衛，經濟發達，人口眾多，對孔子有吸引力。特別是「衛多君子」（《左傳》襄公二十九年），讓他很著迷。

孔子有兩個得意門生，都是衛人：

子貢，傳說是河南浚縣人（當地多端木氏）。

子夏，傳說是河南溫縣人。

子夏居西河教授，是戰國早期的標誌事件。

西河有兩說，一說魏之西河，即龍門口下的黃河西岸，古皮氏（山西河津）、汾陰（山西萬榮）對岸的夏陽（陝西韓城，也叫少梁）、郃陽（陝西合陽）一帶；一說衛之西河，黃河故道流經匡、蒲（河南長垣）段的西岸。前者是秦、晉爭奪的地帶，後者是晉、衛爭奪的地帶。《水經注·河水四》是前一說（當地有子夏陵、子夏石室），錢穆疑之，提出後一說。

衛和魏，關係密切。魏失西河後，重心東移。公元前三六一年，魏惠王從安邑（山西夏縣）遷都大梁（河南開封），衛之故地，除濮陽，多被魏國兼併，成為魏之「東地」。

魏學出於子貢、子夏，他們是衛人。子夏、吳起、商鞅也是衛人，由衛入魏。商鞅還由魏入秦。可見「西河之學」是源於衛。

2. 宋國

宋也是黃泛區。宋城，黃沙淤埋，沉睡地下。一九九四至一九九七年，張光直教授領導的中美聯合考古隊在商丘尋找商湯所居的商，商沒發現，卻發現了宋城。漢睢陽城、宋南京城和明歸德府，只是其東半的一部份。

宋近於陳、蔡。春秋晚期，楚滅陳、蔡，滅而復，復而滅，是楚的勢力範圍。早期墨家在宋、楚發展，道家也在宋、楚發展，主要活動範圍是河南東部。

---

78 李零〈齊國兵學甲天下〉，《中華文史論叢》第五十輯（一九九二年十二月），一九三—二一二頁。

宋人是殷遺，特別守舊禮，認死理，在戰國古書中，多半被描寫成傻子，性格偏執古怪。

宋學，主要是道家和名家。

宋道家，代表人物是莊周，莊周就是怪人。

莊周：宋國蒙人（河南民權人）。《漢志》道家有《莊子》五十二篇（「名周，宋人」）。他推重老子，《老子》的故事主要出於他。老子是楚苦縣（河南鹿邑）人。宋、楚，說起來是兩個國家，但民權在商丘西北，鹿邑在商丘南，並不太遠。

名家，也有兩個宋人：

兒說：見《韓非子．外儲說左上》、《呂氏春秋．君守》和《淮南子．人間》等書，最早提出「白馬非馬」論。

惠施：與兒說齊名，《漢志》名家有《惠子》一篇（「名施，與莊子並時」）。

錢穆說「名出於墨」，他們是否與墨辯有關，值得注意。

3. 鄭國

鄭韓古城，保存狀況極好，地面上還有十六公尺高，比明清北京城還高（北城最高，只有十二公尺）。二〇〇七年，我去新鄭，重見這座古城，「別有一番滋味在心頭」。鄭韓古城的郭東門還在，門的缺口還在。「喪家狗」的故事，就是以此為背景。

鄭國出過一個鄧析，與子產同時。子產鑄《刑書》，有如羅馬的《十二銅表法》，是著名歷史事件。鄧析作《竹刑》，唱對臺戲，被殺。[79]《漢志》名家有《鄧析》兩篇（「鄭人，與子產並時」）。此書是《漢志》名家的第一部，是名家的「招牌菜」。刑名法術之學，鄧析是老前輩，講法家，講名家，沒人比他早。

公元前三七五年，韓滅鄭，遷都於鄭，鄭入於韓。韓國有兩大法家，申不害和韓非。申韓之術，或與鄧析有關。

鄧析的名辯，主要與獄訟有關。這種名學是刑名法術的別名。

（四）楚地

河南是道、法、名三家的搖籃（《史記．老子韓非列傳》）。春秋晚期，河南南部屬於楚的勢力範圍。楚人的特點是咄咄逼人，非常兇悍，但學術是另一種味道。

楚地多道家。《漢志》著錄的道家書，很多都是楚人的著作，《老子》最著名：[80]

老聃：楚苦縣（河南鹿邑）厲鄉（亦作「賴鄉」）人，漢老子祠就在鹿邑。《漢志》道家有《老子鄰氏經傳》四篇（「姓李，名耳，鄰氏傳其學」）、《老子傳氏經說》三十七篇（「述老子學」）、《老子徐氏經說》六篇（「字少季，臨淮人，傳《老子》」）、《劉向說老子》四篇。

老萊子：其實是「老李子」，他與上老聃為同一人。[81]《漢志》道家有《老萊子》十六篇（「楚

[79] 戰國古書多說子產殺鄧析，其實他是被駟歂殺掉，死於子產之後二十一年（《左傳》定公九年）。參看：錢書〈鄧析考〉（上冊，一八—二〇頁）。

[80] 錢穆尊孔，在解構老子傳說上狠下工夫，儘量把老子往後拖，虛化淡化。他把《老子》說成莊學大盛後才有，今有郭店楚簡《老子》為證，太晚。參看：錢書〈老子雜辨〉（上冊，二〇二—二二六頁）。他的《莊老通辨》（北京：生活．讀書．新知三聯書店，二〇〇二年），書名本身就很清楚：莊在老前。

[81] 錢穆認為「孔子所見老子即老萊子」，認為老萊子之「萊」即「賴鄉」之「賴」，「萊、李亦聲近」。我也討論過「李」字的楚文字寫法（從「來」從「李」）。參看：李零〈老李子和老萊子——重讀〈老子韓非列傳〉〉，收入所著《郭店楚簡校讀記》，北京：北京大學出版社，二〇〇二年，一九五—二〇二頁。

人，與孔子同時」）。

關尹喜：老子出關的關是函谷關（在河南靈寶）。函谷關的關尹是秦吏。《史記・老子韓非列傳》說，喜強老子著書，作「上下篇」，就是《老子》。〈天下〉把他與老聃並列，似乎是重要人物。《漢志》道家有《關尹子》九篇（「名喜，為關吏，老子過關，喜去吏而從之」）。

文子：《漢志》道家有《文子》九篇（「老子弟子，與孔子並時，而稱周平王問，似依託者也」）。據定州八角廊漢簡《文子》，「周平王」當作「楚平王」。

環淵：《史記・孟子荀卿列傳》說環淵「著上下篇」。《漢志》道家有《蜎子》十三篇（「名淵，楚人，老子弟子」）。《通志・氏族略四》說「環氏，楚有環列之尹」。

長盧：《漢志》道家有《長盧子》九篇（「楚人」）。

鶡冠子：《漢志》道家有《鶡冠子》一篇（「楚人，居深山，以鶡為冠」）。

孔子周遊列國，自衛南下，碰見過幾個隱士和狂人。河南南部，陳、蔡、葉一帶是楚國的勢力範圍，據說就是這類人出沒的地方。他們愛說怪話，孔子不以為忤，反而很欣賞，認為這些人才冰清玉潔，有夷、齊之風。他們，道德最高尚，但與世無爭，也於世無用。

二〇〇七年，我沿「孔跡」走，也有一些奇怪的見聞：

陳國故地，淮陽太昊陵前，是個精神病患者的聚會地點。

蔡國故地，上蔡古城是全國重點文物保護單位，其標誌碑，雕刻精美，有兩處被人合夥搗毀，也是精神病患者所為。據說，他們是當地的紅衛兵，「文革」中精神失常，記憶還停留在「破四舊」時期。

葉縣故地，有長沮、桀溺墓，旁邊是個渡口，傳說是孔子問津處。

（五）三晉兩周

三晉，韓、趙、魏，主要在晉南和晉南鄰近的豫西、豫北，還有河北南部。兩周在河南洛陽市，被韓地包圍。韓、魏姬姓，與晉同姓，趙是嬴姓在晉地者。

韓，初居韓原（山西河津），戰國遷都平陽（山西臨汾），後向豫西轉移，遷都宜陽（河南宜陽）、陽翟（河南禹縣）。公元前三七五年定都於鄭（河南新鄭）。

魏，初居魏（山西芮城），戰國遷都安邑（山西夏縣），佔有河東和河西（黃河南段的兩岸）。秦奪少梁後，向衛地轉移。公元前三六一年定都大梁（河南開封）。

趙，初居趙（山西趙城），戰國遷都晉陽（山西太原）。後向晉東南和河北南部發展。公元前三八六年定都邯鄲（河北邯鄲）。更晚，還向晉北和冀北發展。

春秋晚期晉、楚最強，「雖楚有材，晉實用之」（《左傳》襄公二十六年）。戰國早期魏最強。三晉有大國之風，最重法術。

1. 魏國

有「西河之學」，戰國早期（魏文侯和魏武侯時期）最有名。當時的魏國，重心還在河東（晉西南）和河西（河東的對岸）。這種學術，以儒為道，以法為術，特點是「儒、法兼用」，可稱「儒—法家」。

魏文侯（魏人）：《漢志》儒家有《魏文侯》六篇。

田子方（齊人）：學於子貢，為魏文侯師。從姓氏看，似是齊人。他可能是子貢居齊時的學生。

段干木（魏人）：學於子夏，為魏文侯師，段干是魏邑。

李克（魏人）：也是子夏的弟子。《漢志》儒家有《李克》七篇（「子夏弟子，為魏文侯相」）。

李悝（魏人）：為魏文侯相。錢穆認為，與李克為同一人。李悝作《法經》六篇（《晉書・刑法志》、《唐律疏義》卷一），有「盡地力之教」（《史記・孟子荀卿列傳》）。《漢志》法家有《李子》三十二篇（「名悝，相魏文侯，富國強兵」）；兵家有《李子》十篇。

吳起（衛人）：衛左氏中人。先後學於曾申（曾參的兒子）和子夏。先入魏，為魏文侯守西河；後入楚，在楚國變法。楚悼王卒，在喪禮上，被楚大臣射殺。《漢志》兵權謀有《吳起》四十八篇（「有列傳」）。他在兵家中，名氣僅次於孫武。

此學源於子夏，並與子貢有關。子貢、子夏都是衛人，吳起也是衛人。看來，此學是從衛地傳入。

還有兩個人，可能也是魏人。

一是尸子，《漢志》雜家有《尸子》二十篇（「名佼，魯人，秦相商君師之。鞅死，佼逃入蜀」），「魯」疑「晉」之誤，集解引《別錄》作「晉人」。《史記・孟子荀卿列傳》說「楚有尸子、長盧」，可能是因為他逃秦入蜀，以蜀為楚。

二是尉繚，《漢志》兵形勢有《尉繚》三十一篇，雜家有《尉繚》二十九篇（「六國時」）。今兵書有《尉繚子》，是以「梁惠王問尉繚」開篇，但《史記・秦始皇本紀》卻提到「大梁人尉繚來見秦王」。

2. 趙國

學術興盛，比「西河之學」晚。其重要人物是慎到、荀況。他們都是稷下先生。

慎到，趙人，齊閔、襄之際遊於稷下，是著名的法家。〈天下〉把彭蒙、田駢、慎到列為一派，法家有法、術、勢三派，商鞅是講法的代表，申不害是講術的代表，他是講勢的代表。商鞅比他大，申不害比他小。《史記・孟子荀卿列傳》說「慎到著十二論」。《漢志》法家有《慎子》四十二篇（「名到，先申、韓，申、韓稱之」）。

荀況，趙人，齊閔、襄之際也在稷下活動，曾三次主持學宮，當學宮的祭酒，是戰國晚期最有名的儒家。《漢志》儒家有《孫卿子》三十三篇（「名況，趙人，為齊稷下祭酒，有列傳」）。

比慎、荀晚，還有三個趙人。

公孫龍：是有名的名家。《漢志》名家有《公孫龍子》十四篇（「趙人」）。

龐煖：是楚道家鶡冠子的弟子。《漢志》兵權謀有《龐煖》三篇。錢穆認為，龐煖即《荀子・議兵》與荀子辯論的臨武君。今本《鶡冠子》有「龐子」，見於〈近迭〉、〈度萬〉、〈王鈇〉、〈兵政〉、〈學問〉，又有「龐煖」、「龐煥」，見於〈世賢〉、〈武靈王〉，或即《龐煖》書之遺文。

劇辛：事燕王喜，即《史記・孟子荀卿列傳》提到的劇子。《漢志》法家有《處子》九篇（班固注：「《史記》云趙有處子」），即此人。

趙學，儒、法、名、道都有。荀況的儒術有三晉色彩。

3.韓國

韓國學術是以申、韓名。韓與鄭有關。鄭有鄧析子，講刑名法術之學；有列御寇，是道家。

申不害：原來是鄭國的京人（河南滎陽人），鄭滅韓後，成為韓人。司馬遷說，「申子學本黃老而主刑名」（《史記．老子韓非列傳》）。他是法家三派之一，以「術」（御臣之術）出名。《漢志》法家有《申子》六篇（「名不害，京人，相韓昭侯，終其身諸侯不敢侵韓」）。

韓非：與李斯同學。李斯從荀況授「帝王之術」（〈李斯列傳〉），他也學這一套。司馬遷說，「韓非者，韓之諸公子也。喜刑名法術之學，而歸本于黃老」（〈老子韓非列傳〉）。他不僅學儒家，也學道家和法家。韓非使秦，被李斯、姚賈讒害，下獄死。《漢志》法家有《韓子》五十五篇（「名非，韓諸公子，使秦，李斯害而殺之」）。

韓國也重法，但不是「儒法兼用」，而是「道法兼用」，可稱「道—法家」。司馬遷之所以把老、莊和申、韓寫進同一個傳，就是因為這一點。

（六）秦地

秦地，與戎胡雜處，生存環境惡劣，其民最能吃苦，最能戰鬥。列國，秦國起步晚，缺乏原創性，但善於學習。人才是外來人才，學術是外來學術。秦國的敵人是魏國，秦國的老師也是魏國。秦國學術是以實用為特點。

秦國法家，商鞅、李斯最有名。

商鞅：也叫衛鞅。他是衛國公族的庶孽子孫，本來叫公孫鞅，商鞅是他在秦國封為商君後的叫法。他先入魏，事魏相公叔座，後入秦，事秦孝公。商鞅變法，是用魏法變秦法，新法多用魏法。廢井田，開阡陌，可能是受李悝「盡地力之教」的影響。傳《法經》於秦，也是李悝的發明。《漢志》法家有《商君》二十九篇（「名鞅，姬姓，衛後也，相秦孝公，有列傳」），兵權謀有《公孫鞅》二十七篇。他既是法家，也是兵家。

呂不韋：衛濮陽人（《戰國策·秦策》）。司馬遷說他是「陽翟（韓邑，在河南禹縣）大賈人」（《史記·呂不韋列傳》），他以金錢為手段，助秦昭襄王立，聚遊士賓客，編《呂氏春秋》。《漢志》雜家有《呂氏春秋》二十六篇（「秦相呂不韋輯智略士作」）。雜家是「百科全書派」，特點是雜抄眾書，雜取眾說。

李斯：楚上蔡人，與韓非俱事荀卿，學帝王術，學術背景也是三晉儒學和三晉法術。

商鞅是丞相，呂不韋是丞相，李斯也是丞相。

秦國的三大學者都是丞相，真是官氣十足。

三

錢穆說，「昔人考論諸子年世」有三大毛病，一是「各治一家，不能通貫」，這是不講系統；二是「詳其著顯，略其晦沉」，光注意名人名著，不顧其他；三是「依據史籍，不加細勘」，主要是迷信《史記》。關鍵是不講輯佚，不講辨偽，不講考據，沒有細活，也沒有大局觀。

我們看見的歷史都是被簡化的歷史，真實的歷史是什麼樣？肯定是一筆糊塗賬，頭緒紛繁，好像亂麻。歷史學家，快刀斬亂麻，痛快是痛快，可惜歷史不是這樣。我們從身邊的事想一想，不難明白。

說幾個看似題外卻是有關的問題。

（一）誰是真正的英雄

上述人物、上述著作，在歷史長河中，有如大浪淘沙，很多人都被遺忘，很多書都已失傳，就像血染沙場的將士，未能笑到最後。笑到最後，全是運氣好，死裡逃生的人。死了的是烈士，活著的是英雄。

書，運氣好，有些還可能發現，靠考古發現。考古很神奇，它能「起死人於地下」，但考古也非萬能。它的重要性在哪兒？並不是添枝加葉、添磚加瓦，而是給你點兒感覺，給你點啟發，讓你發現盲區，窺見全景，對已知未知、虛實表裡，有個大致的估計。

《左傳》上有句話，「豹聞之：太上有立德，其次有立功，其次有立言，雖久不廢，此之謂不朽」（《左傳》襄公二十四年）。這話很有名（估計是臧文仲的話），就是講人能記住點什麼。

孔門四科，德行是立德，言語、政事是立功，文學是立言。

道德高，像雲彩，飄得越高，散得越快。孔門德行科，四人，顏回名氣大吧？大家記住了什麼？很可憐。四大道德家，全都煙消雲散。

言語科，搞外交，搞政治，立功名於當世，也很風光。宰予，除了孔子罵他，我們還知道什麼？子貢，要是沒有《論語》，我們還知道什麼？

事功很重要，也不容易被人記住。政事科，冉求本事大，但實在不是東西，子路才是條漢子。

《論語》寫他，次數最多，活靈活現，要是沒有《論語》，怎麼辦？

子游、子夏讀書多，但沒有著作傳世。沒有著作傳世，最吃虧。

「昔仲尼沒而微言絕，七十子喪而大義乖」（《漢書·藝文志》），孔子不寫書，七十子也沒有著作傳世，很遺憾。道統，孔曾思孟，是靠「四書五經」。中哲史，孔孟荀，是靠《論語》、《孟子》、《荀子》。古人最重身後名。身後名，有書沒書可大不一樣。

司馬遷講泰山鴻毛，「藏之名山，傳之其人」（〈報任安書〉），寧肯去勢，也要傳世，道理就在這裡。

孔門，誰最重要，我是說當時。平心而論，四個人。第一是顏淵，這是老師的評價，沒商量。第二是子路，別看老師罵，最忠誠，最勇敢，保護老師，離不開他。第三是子貢，孔子死後，他掌門，魯國貴族毀老師，說他比老師強，誰來辯誣，只有他。第四是子夏，西河之學源於他，漢代經學源於他，對後世影響最大。

論資歷，論貢獻，論老師的評價，曾子沒法跟他們比。

曾子輩分最晚，思、孟更是後學，根本不屬於七十子。

研究中國思想史，大家看重書。書，看重論說體。簡帛古書，《五行》、《性自命出》、《老子》、《恆先》，大家覺得，書，只有寫成這樣，才叫哲學，才叫思想。再大的思想家，沒有書，或雖有書，不會講大道理，難免被人遺忘。

（二）子書文體

子書文體，分三大類：

1. 故事類（側重事）

形式類似後世的紀事本末體。每個故事是獨立的，有人物，有事件，說話是附帶。張政烺先生為馬王堆帛書《春秋事語》題名，用了「事語」這個詞。《國語》就是這種書。《左傳》就是利用各種事語，按《春秋》繫年，給我們講故事。這種故事書，現在越出越多，已經到了必須匯總研究的地步。傳世文獻，除《左傳》、《國語》、《國策》，還有《韓詩外傳》、《說苑》、《新序》，也要匯總研究。

諸子是模仿史書。如有些子書乾脆就叫「春秋」（如《晏子春秋》），甚至連形式都按春夏秋冬十二個月編排（如《呂氏春秋》）。講故事是子書的一體。

故事分兩種：

(1) 歷史故事。諸子游說，搬弄掌故。這些故事，只是談資。比如《戰國策》就是縱橫家的談資。《韓非子》的「說」（內外〈儲說〉、〈說林〉）也是游說的資料。

(2) 文學故事。比如《莊子》中的很多寓言就是屬於這類故事。

2. 言語類（側重語）

子書的特點，更大特點，不是講故事，而是講道理。特點是突出話語，淡化故事，人物少或沒有。它分三類：

(1) 語錄體，分兩種：

短章語錄體，典型例子是〈緇衣〉。〈坊記〉、〈中庸〉、〈表記〉有點類似。它的最大特點是「子曰詩云」或「子曰書云」，沒有其他人，沒有其他話，多餘的話一點沒有。

長篇語錄體（或記言體），開頭有個說話人，下面沒人或基本沒人。如《孫子兵法》，每篇開頭都有「孫子曰」三個字；《墨子》的〈尚賢〉等十篇，每篇開頭都有「子墨子曰」四個字。《孫子》十三篇，除開頭有個說話人，基本上全是論述。它只提到四個人，兩個恐怖分子（專諸、曹劌），兩個大特務（伊摯、呂牙）。他拿這四個人說事，是為了挑戰道德。

(2) 論說體，也分兩種：

短章論說體，沒有人，只有話，讀其書，如入無人之境。典型例子是《老子》。《老子》押韻，類似賦。古代道論是採用這種文體。比如上博楚簡《恆先》就是這一種。它有點類似語錄體，但不引經據典，也沒有說話人。搞中哲史，大家最喜歡這種書。

長篇論說體，也是沒人或很少有人，只有話。比如《荀子》和《韓非子》，戰國晚期的子書，就有不少這種文章。

(3) 對話體，也分兩種：

形式自然的對話體，對話比較自然，說哪兒算哪兒，更像故事中的對話。這種文章，戰國晚期也很流行。比如《荀子．議兵》就是這種文章。

人為設計的對話體，以問題為主，設為客主問答，對話是編出來的。比如很多兵書和醫書，就愛使用這種文體。漢代的賦也有這一種。

3. 故事加言語類（事、語並重）

子書文體，上面所說，只是大概分一分，實際上，很多都是既有故事，又有言語，人也有，事也有，話也有。比如《大戴禮》和《禮記》，就是多種文體都有。

子書是「諸子百家語」。這種「語」，有些是以短見長，所謂篇，只是由短章雜湊，一本書沒多少篇，五千字就一本書。比如《孫子》和《老子》，都只有五千多字。還有些，是鴻篇巨制、長篇大論。比如《管子》、《莊子》、《荀子》、《韓非子》、《呂氏春秋》，都是當時的叢書。我們看《漢志》，上百篇的大書都有，比如《太公》有兩百三十七篇，《司馬法》有一百五十五篇。

《論語》也是「語」，過去多稱為語錄體。其實它是什麼體都有。既有人，也有事，既有最短的語錄，也有長一點的對話（如《論語．先進》的「四子言志」章）。它的特點是人多，全書算下來，有一百五十六人。人多好，適合作歷史研究，研究諸子，哪一門哪一派有這麼好的資料？沒有。讀《論語》，不講歷史，空談性理，如入寶山空手歸，豈不可惜。

《論語》和什麼書像？《世說新語》。《世說新語》，原來叫《世說新書》，最初不以「語」名。但它和「語」的傳統有關，和劉向有關。劉向整過《國語》，寫過《說苑》、《新序》，對歷史掌故很熟悉。這些掌故就是「語」。此書頭四門就是以「四科」為題。《孔子家語》，講孔家的事，也是「語」。

古代的「語」，還有成語格言之一體，比如《大戴禮．武王踐阼》的「戒書」，包括十二種銘文：席銘、機銘、鑑銘、盥盤銘、楹銘、杖銘、帶銘、履屨銘、觴豆銘、劍銘、弓銘和矛銘。其中「與其溺于人也，寧溺于淵」，就被中山王大鼎的銘文引用。這些銘文，多屬格言，古人叫「語曰」的「語」是這種「語」。《逸周書》和《太公》有這類東西。《孔子家語》的〈金人銘〉屬這一類。這種「語」是一種典故，典故爛熟於胸，才能游說。還有謎語或歇後語類的「隱語」，也是一種「語」。

叢談瑣語、小說筆記，都有搜羅掌故以備查詢的功用（類書也有這類功用）。子書是幹什麼用的？最初是供游說，其實是干祿書。

（三）從故事研究諸子的重要性

古代思想家，有些寫書，有些不寫書，就像名將，很多都是神機妙算，但沒有書。研究軍事，只讀兵書，不讀戰史，始終是門外漢。研究思想，只讀其書，不見其人，或不想了解這個人，在古人看來，也是不可思議。

先秦諸子是「百家爭鳴」。上述人物，有一百來號人。這麼多人，五湖四海，什麼地方的人都有。但我們能記住點什麼？很可憐，掐指一算，也就「十幾個人，七八條槍」，所謂思想史只是一個簡化到不能再簡的歷史。

我心中的思想史，不是這樣的思想史。

古人治史是從人入手。他們尊師重道，首先看重的是人。他們從老師學，首先是學老師的為人。老師教學生，身教重於言傳，言傳重於書本。這是古人的天真淳厚之處。

古人看重功德，功德在於當世。追求不朽，垂之永久，靠什麼？靠的是書。讀書，不能光看言語，也要看故事。看故事是為了看人。沒有人，思想和人就分家了。

《論語》的長處是文學性、故事性。它的好處是人多，可以勾勒孔子的生平，可以再現孔門師生的群像。

比如孔子的學生誰最重要，上面說了，顏淵、子路、子貢、子夏。他們都沒書，只有故事留下來。沒有故事，這些最優秀的學生就被埋沒了。我們的思想史就只剩「道統」，只剩顏曾思孟，只剩「聖人史」。

顏、曾、思、孟，顏回無書，很吃虧。曾子有佚文，子思有〈中庸〉，《孟子》有今書七篇，都比他吃香。

宋以來的辨偽學，對先秦諸子大掃蕩。百家只剩下一家，儒家只有道統版。孔孟之道代替孔顏之道，很可憐。

焚坑，不只秦始皇，歷代都殺異議人士，歷代都禁違礙之書。

朱元璋是老粗，孟子講「民貴君輕」，得罪「今上」，「亞聖」都得開除，更不用說其他人了。

知識分子，偏見也不少。

儒家是漢代翻身。他們恨秦始皇，所以恨韓非、李斯；恨韓非、李斯，所以恨李斯的老師。蘇東坡說，焚坑之禍，罪在荀卿。老師是跟學生倒楣。荀子跟思、孟作對，是犯了思想罪。思、孟什麼人？二等聖人。明代儒生說，有荀無孟，有孟無荀，把他也開除了。

孔廟之中，什麼人都有，就是沒有荀子。荀子平反，那是近代。

孔廟還開除過一個人，是出賣師門的公伯繚。

其實，孔門的「猶大」，不是公伯繚，而是冉求。孔門出過「三大管家」：子路、仲弓和冉求。冉求給季氏當管家，時間最長、最投入，簡直就像肉包子打狗，一去不回。他眼裡沒有老師，只有領導，趨炎附勢，為虎作倀。難怪老師說，他不是我的學生，「小子鳴鼓而攻之可也」（《論語・先進》），叫同學揍他。孔子死了，他忙什麼，還是衙門裡的事。

子貢和冉求相反。老師死了，發喪是他，守廬是他，滿朝權貴罵老師，捍衛老師的還是他。對比冉求，你才能看出子貢的了不起。

（四）周太史儋的預言

孔子走過的路，遺產是什麼？他去過周、齊、衛、曹、宋、鄭、陳、蔡和葉，想去晉，想去楚，都沒去成。但他的學生，卻把他的思想傳播四方。特別是他在衛國招收的學生，在這方面功勞最大。他在楚地碰到的隱士和狂人，也讓人想起道家的大本營——河南。

然而，他勝利了嗎？沒有。

讀《史記》，有個預言很重要：

> 烈王二年，周太史儋見秦獻公曰：「始周與秦國合而別，別五百載復合，合十七歲而霸王者出焉。」（《史記．周本紀》）
>
> （獻公）十一年，周太史儋見獻公曰：「周故與秦國合而別，別五百歲復合，合十七歲而霸王出。」（《史記．秦本紀》）
>
> 後四十八年，周太史儋見秦獻公曰：「秦始與周合，合而離，五百歲當復合，合十七年而霸王出焉。」（《史記．封禪書》）
>
> 自孔子死之後百二十九年，而史記周太史儋見秦獻公曰：「始秦與周合，合五百歲而離，離七十歲而霸王者出焉。」（《史記．老子韓非列傳》）

這個「分久必合，合久必分」的預言很有意思，最能說明兩周時期的大趨勢。

我們要注意：

(1) 秦人的故鄉是曲阜，曲阜是「少昊之虛」，嬴姓的聖地。商周之際，秦人的祖先是隨商王西征，支邊戍邊，去了大西北。入山西者是趙的祖先，入陝西者是秦的祖先。

(2) 周人的故鄉是周原。周公東征，殖民東方，魯國是建國於「少昊之虛」。它和秦人的祖先，正好掉了個個兒。魯國變成了姬姓的國家。

(3) 周孝王封非子於「汧渭之會」（鳳翔原下的河灘地），始稱秦，就在周原旁邊。兩國作鄰居，長達一百多年。

(4) 公元前七七一年，周人棄土東逃，把西土留給秦人，這是東周的開始。秦人是沿著周人的足跡，重新回到東方。這次歷史性的回歸，用了五百年的時間。

孔子的復古之夢是「周公之夢」，他想恢復西周盛世。然而，他萬萬料不到的是，誰是西周的「遺囑繼承人」？是秦始皇。

周人的文字，是由秦來繼承。周人的大一統，也是由秦來繼承。

秦始皇，金戈鐵馬，席捲天下，是從西往東打。但是天下初定，制禮作樂，齊魯的書生卻是自東往西跑。秦始皇巡遊海上，最迷山東。山東書生，獻計獻策，也最迷陝西。

先秦歷史，武化革命，自西向東；文化革命，自東向西。

這是耐人尋味的大趨勢。

二〇〇九年三月六日寫於北京藍旗營寓所
次日下午三點三十分在清華大學歷史系演講

（原載《何枝可依：待兔軒讀書記》，北京：生活・讀書・新知三聯書店，二〇〇九年）

唐五嶽四瀆鏡

此圖為梁鑒提供。紋飾：外環八卦、十二生肖，中為方澤壇。方澤壇被曲水環繞，象徵四瀆。曲水外的四座山加鏡紐一座山，象徵五嶽。

銘文：「天地成，日月明。五嶽靈，四瀆清。十二精，八卦貞。富貴盈，子孫寧。皆賢英，福祿並。」外環八卦是後天八卦，十二生肖即十二精。

隋蕭吉《五行大義》引《黃帝九宮經》以五嶽四瀆配《禹貢》九州，並按後天八卦的九數排序，是一種橫豎斜相加皆十五的幻方，正與此合。其文曰：「一主恆山，二主三江，三主太山，四主淮，五主嵩高，六主河，七主華山，八主濟，九主霍山。又一為冀州，二為荊州，三為青州，四為徐州，五為豫州，六為雍州，七為梁州，八為兗州，九為揚州。」畫成九宮圖是像右面這樣：

六 河 雍州	一 恆山 冀州	八 濟 兗州
七 華山 梁州	五 嵩高 豫州	三 太山 青州
二 三江 荊州	九 霍山 揚州	四 淮 徐州

嶽鎮海瀆考——中國古代的山川祭祀

中國有個老傳統，祭嶽鎮海瀆，從秦漢到明清，歷朝歷代都祭。這種祭祀，屬於皇家祭祀，皇帝沒了，自然也就中斷了。現在，廟毀得差不多了，但山川還在。在這篇文章中，我想跟大家聊一聊，從文獻記載，從考古發現，從實地考察，講講這個問題的來龍去脈，讓大家在憑弔山川之餘，也能喚起一段歷史回憶。

一、山川代表「天下」

「天下」是中國古代的「世界」。「世界」是佛教用語。「世」指時間，「界」指空間。日本人用這個詞翻譯西文的world，其實是外來語，中國古代，本來叫「天下」。

「天下」的意思是什麼？是天底下。天底下是什麼？是我們腳踩的大地。你坐飛機，從上往下看：山，高低起伏，水，蜿蜒曲折，就是這片一眼望不到邊的大地。

山川是代表「天下」。「天下」這個詞，看似平常，卻暗示著一種視覺效果，一種在想像中居高臨下俯瞰大地一覽無餘的效果。

中國的名山大川，有所謂「五嶽五鎮」、「四瀆四海」。這十山八水是從千山萬水中選出來的。選擇標準是什麼，值得研究。

如今的山川選秀，如《國家地理》的選秀，山多高，水多長，洞多深，灘多廣，景色漂亮不漂亮，旅遊價值如何，有很多指標。但古代的嶽鎮海瀆不是這麼選出來的。它的選擇標準，不是自然標準，而是人文標準。大地上空，有一雙特殊的眼睛。

我們要知道，人文標準是人的標準。人分男女老少，貧富貴賤，千差萬別，它可是獨一無二，不是百姓標準，而是帝王標準。

「天下」是「天子」的「天下」。普天之下，莫非王土：東南西北，所有的山，所有的水，全都歸他所有。

這和動物可有一比。

動物，鷹隼盤旋於長空，虎狼嘯傲於山林，魚兒在水中嬉戲，藍天白雲下，馬牛羊在埋頭吃草，好像各得其所。然而，這個表面祥和的世界卻殺機四伏，面對面的殺戮隨時都會發生。

動物世界的「自由」是以「領地」為前提。你別以為，牠走來走去，找棵樹蹭蹭癢，抬起腿撒泡尿，只是釋放一下，舒服一下，牠可是在宣示主權呀：這是我的領土，莊嚴神聖，不可侵犯。

同樣，帝王巡狩，也絕不是為了玩兒。他跋山涉水，到處立廟，到處刻碑，有重要的象徵意義。他要大家知道，他是君臨天下，無遠弗屆，無時不在，永遠盯著你的主人。

更何況，他還要沿途視察，考察邊防，考察政務，考察宗教，考察學術，了解各地的風土人情，見官員，見賢達，聽彙報，發指示，就地解決問題。

這是最原始的領地控制法。

老虎是佔山為王，草寇是佔山為王，就是冕旒南面、萬方朝拜的皇帝，也一樣是佔山為王。只不過他的山頭特別大、特別多而已。

帝王走過的地方，也要做記號，讓你一聞就能聞出帝王的味道。他自己也要檢查這些記號，隔三差五，幾年轉一圈。

嶽鎮海瀆，就是這樣的記號。

二、沙畹的眼睛很毒

二十世紀上半葉是法國漢學的黃金時代，巴黎是世界漢學的中心。當時，大師輩出，沙畹（Émmanuel-Édouard Chavannes，一八六五—一九一八年）是一代宗師。他對中國文化涉獵廣，研究深，無論學養還是成就，都可謂蓋世無雙。伯希和、馬伯樂、葛蘭言，這些大師級的國際學者皆出其門下；瑞典的高本漢，也是他的學生。

一八八九年，年輕的沙畹第一次來北京，就迷上了司馬遷，從此下決心，一定要把《史記》翻成法文出版。《史記》是皇皇巨著，有一百三十篇，他到死也沒翻完（只翻了前四十七篇）。但他的入手處卻可謂獨具隻眼。他發表的《史記》譯本，頭一篇就是〈封禪書〉。〈封禪書〉講什麼？就是講山川祭祀。

一九〇七年，沙畹第二次到中國，曾在中國北方旅行，遊歷山川，考察古蹟。當時，他的最大興奮點是什麼？是〈封禪書〉裡的第一神山。他爬過泰山，寫過一本書，題目就叫「泰山」。

一九一八年，沙畹去世，留下一部著作，發表於第二年，名叫「投龍」，還是圍繞原來的興趣。

沙畹

什麼叫「投龍」，讓我解釋一下。

投龍是一種道教儀式。求願者用一種名叫「投龍簡」的東西給神靈寫信，寫完信，照例放個小金龍，派它送信，通報神靈，乞求神靈保佑。這種簡，一般用金、銀、玉、石等材料製成，形如小方板，投放地點都是名山大川，或在山洞，或在水邊，或在亂石叢中某個石頭縫裡。山有山簡，水有水簡，土有土簡。這種活動雖是道教傳統的活動，卻有更古老的背景。

沙畹是從山川祭祀研究中國的禮儀和宗教。他的眼睛很毒。他一眼就看出，山川祭祀，對研究中國很重要。

二次世界大戰後，法國漢學衰落，被美國的中國學（Chinese Studies）取而代之。美國的中國學，主要是為戰後美國在亞太地區的戰略研究服務，屬於亞洲研究的一種，特別是東亞研究的一種。其重點是現代中國，而不是古代中國。

現在，沙畹的著作漸漸被人遺忘，變成老古董。美國的年輕學子，沒幾個人讀這種老氣橫秋的作品。老一代的漢學家很遺憾，歐洲的學者很遺憾。

沙畹來華已經一百二十年，《投龍》問世已經九十年，但我沒有忘記他，沒有忘記他的偉大貢獻。

我相信，他的研究，即使今天，也仍有啟發。

三、登高才能望遠

中國的天文書是以星辰為「文」，中國的地理書是以山水為「理」。人從地上望星空，可見星漢燦爛，但從地上望大地，卻只有眼前不大的一片。

我們在地上望遠，怎麼也看不遠，道理何在？以其平視之故也。人眼究竟能望多遠，因人而異，因能見度而異，根本沒有定數。即使視力二・〇，天清氣朗，一馬平川，頂多能看見幾十公里外的天際線，難免「目眇眇兮愁予」（《楚辭・九歌・湘夫人》）。

天下，雖企足引領，不足見其大，古人何以觀之？

第一個辦法是拿腳丫子走，比如大禹就是因此而出名。他的行走叫「禹步」，腳印叫「禹跡」。九州大地什麼樣，他是一步一步踏查，然後把印象拼起來。中國的輿圖，就是靠很多人的眼睛一塊兒一塊兒拼起來。這是最笨最笨的辦法，也是最可靠的辦法。

第二個辦法是登高。古人說，「欲窮千里目，更上一層樓」（王之渙〈登鸛雀樓〉），造個通天塔、摩天樓，一層比一層高，高到上出重霄，當然是好辦法。但更省事的辦法，是找座高山，從高山往下瞧，「會當凌絕頂，一覽眾山小」（杜甫〈望岳〉）。

登高，是人類的固有衝動。《聖經》裡的巴別塔，就是代表這種衝動。現在，世界上有很多摩天樓。一九九〇年，我上過芝加哥的希爾斯大廈（Sears Tower），四百四十二公尺。那塔是一九七四年建，當年最高。後來，引出一堆不服氣，展開競賽，一個比一個高，大家賽著來。臺北一〇一，有五百零九公尺，沒完。阿拉伯聯合大公國蓋「杜拜塔」（Burj Dubai），有八百一十八公尺。但再高的樓也沒山高。

再說了，山再高，也沒有飛機高。飛機高，也沒有衛星高。

人能像鳥一樣振翅高飛從天上俯瞰大地嗎？

鳥瞰（bird's-eye view）一直是人類的幻想，目力濟之想像，讓心靈在天空飛翔。

李賀的詩，很有想像力。「遙望齊州九點煙，一泓海水杯中瀉」（〈夢天〉），這種從天上看天下的感覺，純粹是夢。當時沒有飛機，沒有衛星，只有從山上看山下，庶幾近之。

古人祭嶽鎮海瀆，叫「望祭山川」。「望」就是講這種感覺。古書說，每個國家都有自己的「四望」。找個山頭，朝四下裡望，甭管看見看不見，只要心裡揣著這麼一種感覺，他好像就看到了。

這是一種心靈遙感。

古人說，「三代命祀，祭不越望」（《左傳》哀公六年）。他們祭祀山川，本來只祭本國的名山大川，眼界不夠大。

泰山，五嶽獨尊，是在五嶽成為一個集合概念之後。在此之前，並不如此。

「泰山」，就是「太山」或「大山」。「太」字寫成「泰」，是秦國文字的特點，漢代文字承襲之，常把「太」字寫成「泰」。「泰山」的意思，原來是大山。

山東有六座一千公尺以上的高山，此山最高。泰山是齊魯一帶的大山，沒問題。但其他國家有其他國家的大山，各地有各地的「太山」。比如華山，秦駰禱病玉版（詳下）就稱之為「華大（太）山」；霍山，本來也叫「霍太山」。

各地有各地的「泰山」。

各地的名山大川，選出來，擱一塊兒，才有嶽鎮海瀆。它是個集合概念。

四、「自古受命帝王，曷嘗不封禪」

司馬遷說，「自古受命帝王，曷嘗不封禪？」（《史記·封禪書》）所謂「封」，是在大山的山頭上堆土為壇，祭天，有如天壇；「禪」，是在高山之下，小山之上，拔草除地，弄塊場子（墠），祭地，有如地壇。

這個儀式很古老，我猜，一定有人類學的原始依據，有興趣的，可以考證一下。傳說，封禪泰山，上古帝王有七十二個，除祭泰山，也祭其他山。

這個傳說，就是為了印證封禪的傳統很古老。

上古帝王七十二，到底有誰？其實是筆糊塗賬，誰也說不清。

古代時令分兩種，五行時令和四時時令。前者和後者不一樣，它是把一年三百六十天按金木水火土五分各七十二天。「七十二」是吉祥數。孔門七十二弟子、劉邦七十二黑子，都是為了湊這個數，你不必認真，以為可丁可卯，真有這個數。但司馬遷有個十二人的名單，卻說得有鼻子有眼。

這個名單分三組：

無懷氏、伏羲氏、神農氏是一組，屬「三皇」傳說的一種。

炎帝、黃帝、顓頊、帝嚳、堯、舜是一組，屬「五帝」傳說，但加了炎帝。

禹、湯、成王是一組，屬「三王」傳說，但用成王代替了文王、武王。

這個名單出自《管子・封禪篇》（佚篇）。

上述帝王最能跑，莫過大禹。七十二帝，虛無縹緲，就他可考。古書說，「芒芒（茫茫）九州，畫為禹跡」（《左傳》襄公四年），他老人家為全國人民治水，捨身忘家，「三過其門而不入」（《孟子・滕文公上》），造成「四肢不用家大亂」（馬王堆帛書《十問》），真是歷代帝王的楷模。

古人說，大禹爬過什麼山，涉過什麼水，各地的土地、民人、物產、風俗，記下來就是地理，《禹貢》就是最早的地理書。

保利博物館有件西周銅器，銘文已經提到「天命禹敷土，隨山濬川」，和《禹貢》序的說法很像。

可見，這種傳說很古老。

五、從〈封禪書〉到〈郊祀志〉

傳說歸傳說，歷史是歷史。

歷史上，明確可考，真正舉行過封禪大典，有六個皇帝，他們是秦始皇、漢武帝、漢光武帝、唐高宗、唐玄宗和宋真宗。這六位都上過泰山。

公元六九六年，武則天登過嵩山，封過嵩山。她以「登封」作年號，很有紀念意義。嵩山在河南登封。現在的登封（過去是縣，現在是市），就是她留下的地名。

封禪，秦皇漢武是代表，都是一圈一圈滿世界跑，累得很呀。

講山川祭祀，一定要看〈封禪書〉。〈封禪書〉就是講秦皇漢武的封禪。比〈封禪書〉晚，漢武帝以後，還有兩篇東西是必讀書，一篇是《漢書・郊祀志》，一篇是《續漢書・禮儀志》。兩漢以後，這些祭祀活動留下什麼古蹟，大家要看《水經注》。

讀〈封禪書〉，我們知道，秦始皇整齊天下宗教，在全國各地立過兩百多個壇廟。這些壇廟，當時叫「祠畤」。秦代祠畤，是以齊、秦為主，分東西二系。東方最重要，要屬八主祠；西方最重要，要屬雍四畤。八主祠祭天、地、兵、日、月、陰、陽、四時，是齊地的傳統信仰。雍四畤祭白、青、黃、炎四帝，是祭西土各族人民的老祖宗。還有兩個祠在秦地也很有名，一是陳寶祠，祭陳寶（一顆隕石所化的雄雞），二是怒特祠，祭怒特（一頭神奇的青牛）。

這是第一個高潮。

第二個高潮是漢武帝以來。他立的祠畤，也分東西二系。五嶽四瀆之祭、八主之祭主要在東方，屬於「巡狩封禪」的大範疇。西方是以長安和甘泉的兩個太一壇（薄忌五壇和寬舒壇）為中心（祭天），東有汾陰后土祠（祭地），西有雍五畤（除秦雍四畤，增加北畤，祭黑帝），覆蓋整個三輔地區（首都的三個特區），則是西漢理解的「郊祀」。

武帝，郊祀在陝西這邊跑，封禪往華山以東跑，三年一郊祀，五年一封禪，真把天下折騰慘了。死前，他丟下後悔話，承認自己靡費百姓，使天下愁苦。死後，繼任的皇帝不能不考慮，以後怎麼辦。他後邊有六個皇帝，有的還跑，有的跑不動，於是有罷廟廢祠之議。天下祠畤，漢成帝時有六百八十三所；漢哀帝時有七百多所，直到逼出王莽，才把它徹底廢除。

王莽是儒生，主張復古，照儒經復古。他說，武帝舊儀不合古制，郊祀郊祀，古制只在四郊祭，何勞遠足。從此，才有後世的郊祀制度。皇帝只要在家門口拜拜就可以了，遠處可以派員致祭，或者乾脆讓地方官去祭，把錢和工夫全都省了。當然，誰嫌不過癮，非要折騰也行，比如上面提到的漢光武等人，愛跑你就跑，那是你個人的事。巡狩封禪很風光，想起來搞一回，讓全國人民大慶一下，不是不可以，但作為制度是不存在了。

司馬遷寫《史記》，《史記》是「通古今之變」的「大歷史」。他的〈封禪書〉是以巡狩封禪為主，兼記其他祭祀。班固不一樣，《漢書》是朝代史，重點是講漢代的郊祀。武帝和武帝以前，他抄《史記》；武帝以後，昭、宣、元、成、哀、平，這六帝是續寫，一直寫到王莽。王莽改制是西漢郊祀制度的終結。武帝的郊祀是大郊祀，王莽的郊祀是小郊祀。班固要講的，主要是大郊祀變小郊祀。

歷代在首都立壇，祭天地日月、社稷祖宗，是王莽的遺產。

歷代祭嶽鎮海瀆，是秦皇、漢武的遺產。

這是古代祭祀的兩大遺產。

六、嶽鎮海瀆，選自四方

嶽鎮海瀆，概念很古老，不自唐始，不自漢始，而是先秦就有。戰國末年，「天下一統」的概念呼之欲出，這類概念是「配套產品」。天下逐鹿，鹿死誰手，這套獎品發給誰。

秦始皇是領獎者。

「五嶽」，見於《周禮．春官》的〈大宗伯〉、〈大司樂〉和《禮記．王制》。

「四鎮」，見於《周禮．春官》的〈大司樂〉。

「四瀆」，見於《儀禮・覲禮》和《禮記・王制》。

「四海」，古書多見，舉不勝舉。

可見，天下還沒統一，就有人把它設計好了。

思想是開路先鋒。

「岳」，古人也寫成「嶽」，意思是山之尊者，最最重要的山，《說文・山部》解釋「嶽」字，就是專指五嶽。五嶽是一等名山。

「鎮」，原指鎮守九州的「山鎮」，好像一塊九宮格的席子，用九塊石頭壓著，每州各有一個「山鎮」，鄭玄的解釋是，「名山，安地德者也」（《周禮・夏官・職方氏》注）。這是一種含義。另一種含義，不太一樣，是把九大山鎮分兩組，先把五嶽擇出來，當一等名山，剩下四大名山才算「鎮」，鄭玄的解釋是，「四鎮，山之重大者」（《周禮・春官・大司樂》），其實是二等名山。

「瀆」，是大川，「四瀆者，發源注海者也」（《爾雅・釋水》），所謂「四瀆」是指獨流入海（有獨立源頭並最終流入大海）的大川。

「海」，古人以音訓解釋這個字，常說「海，晦也」（如《廣雅・釋水》），意思是一眼望出去，昏昏濛濛，看不到邊。比如楚帛書的「四海」就寫成「四晦」。四海，既可指浩瀚無垠的大海，也可指一眼望不到邊的四方，甚至可指塞外的大湖（如青海湖），這裡的「海」是瀆之所歸。

這九山八水，「五嶽四瀆」最重要。唐代的鏡子，鏡紐是五嶽，四周的水是四瀆，就是一種圖案化的「天下」。你去地壇，可以對比方澤壇。

後世的嶽鎮海瀆，唐以來的嶽鎮海瀆，其實只增加了一山（吳山），不是五嶽四鎮，而是五嶽五鎮，四瀆四海數不變。

名山大川，見於《禹貢》、《山海經》和後世地理書，數量很大，但只有九山八水或十山八水入選，這是「天下一統」的象徵。

歷史上的中國，小國林立，各有勝景，每個地方有每個地方的名山大川。比如《禹貢》九州，就是分州為敘，提到二十三座名山、三十四條大川和八個大澤，大川往哪兒流，也不能不提到海。這些地方性的山川，經過篩選，被整合成一個大系統，有個過程。

司馬遷說，秦併天下後，崤山以東，有名山五座：太室山（嵩山）、恆山、泰山、會稽山、湘山（洞庭山），大川兩條：濟水、淮水；華山以西，有名山七座：華山、薄山（首陽山）、岳山（吳山之一山）、岐山、吳岳（吳山之一山）、鴻塚（在今陝西鳳翔一帶）、瀆山（岷山），大川四條：河水、沔水（漢水）、湫淵（指《水經注》的湫水，水出湫淵，淵在今寧夏固原縣東南，其實是個堰塞湖）、江水。

漢代的五嶽四鎮四瀆，除醫巫閭山和霍山，都在這個名單中。

可見，它們是從四面八方選出來的，是各個地區的代表。共同點是與四方中央相配，與陰陽五行相配。

七、從五嶽四鎮到五嶽五鎮

唐以後，中國的名山有所謂「五嶽五鎮」：

五嶽是東嶽泰山（一千五百三十二．七公尺）、西嶽華山（兩千零八十三公尺）、南嶽衡山（一千兩百九十公尺）、北嶽恆山（一千八百九十八公尺）、中嶽嵩山（一千四百四十公尺）。五鎮是東鎮沂山（一千零三十二公尺）、西鎮吳山（兩千零六十九公尺）、南鎮會稽山（三百五十四．七公尺）、北鎮醫巫閭山（八百八十六．六公尺）、中鎮霍山（兩千三百四十六公尺）。

它們，名氣大不大，不在高，不在美，而在地區代表性。

比如吳山，現在是二等名山，名氣不夠大，但古代卻很重要。秦之崛起，是沿渭水，自西向東拓土。晉皇甫謐說，秦始皇「表河以為秦東門，表汧以為秦西門」（《太平御覽》卷一六四引晉皇甫謐《三輔黃圖》）。秦故土，「西門」在寶雞，「東門」在華陰。吳山在寶雞，華山在華陰，正好是一頭一尾。寶雞是秦人的老巢，古人叫陳倉。那裡不僅有很多秦墓，還挖出過漢代的倉儲遺址（和華陰、新安發現的漢倉一樣）。陳倉是個漕運碼頭，我在那一帶挖過秦墓。吳山也叫岳山，本來也是個「嶽」。它是秦地早期的「泰山」，對秦人來說，資格比華山老。

還有霍山，現在也是二等名山，早先卻是晉地的頭號名山。三晉中的趙人，是秦人的兄弟氏族。他們的祖先，原來就是守這座山。它在晉地也是個「嶽」，現在仍叫太岳山。抗戰時期，八路軍有太岳區和太行區。我父親就在太岳區。我們老家，今二〇八國道西側就是太岳山。元朝，趙城大地震，就是太岳發脾氣。我的祖先是災後移民，跟汶川災民一樣，就是來自太岳山區。太岳，既叫「太」，又叫「岳」，其實就是山西的「泰山」。

還有會稽山，別看不高，姿色平平，卻是古代傳說大禹治水成功開慶祝會的地方，大家都來彙報成績，要「會計」一下（意思如同今語的「統計」），所以叫「會稽」。禹死後，傳說就埋在了

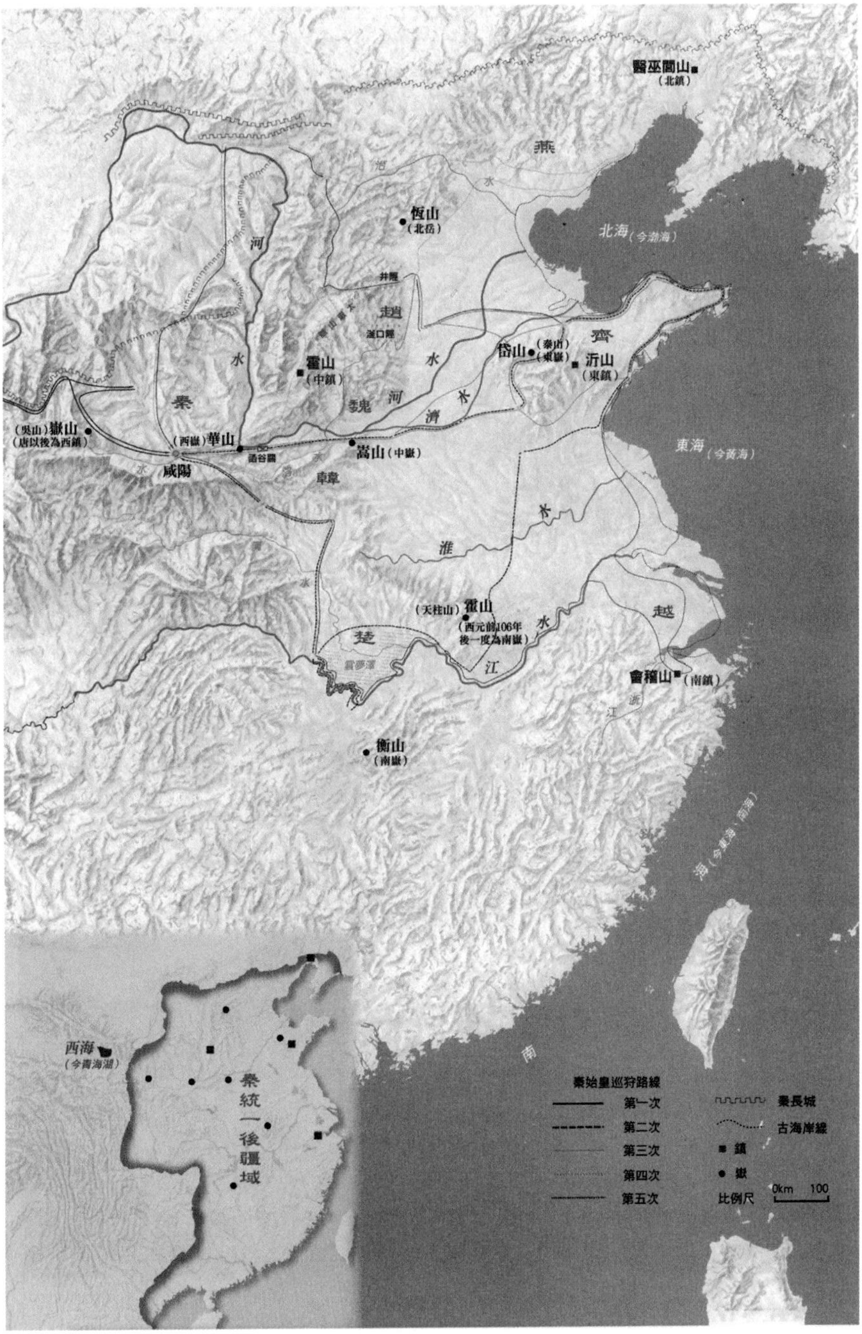
醫巫閭山
（北鎮）
燕
北海（今渤海）
恆山
（北岳）
河
趙
齊
岱山
（東嶽）
沂山
（東鎮）
霍山
（中鎮）
秦
水
河
濟
（吳山）嶽山
（唐以後為西鎮）
（西嶽）華山
咸陽
函谷關
嵩山（中嶽）
東海（今黃海）
淮
（天柱山）霍山
（西元前106年後一度為南嶽）
越
楚
雲夢澤
江
會稽山（南鎮）
衡山
（南嶽）
南
西海
（今青海湖）
秦統一後疆域
秦始皇巡狩路線
第一次
第二次
第三次
第四次
第五次
秦長城
古海岸線
鎮
嶽
比例尺
0km 100

《嶽鎮海瀆圖》（馬保春 繪）

東嶽泰山（日觀峰）

西嶽華山

南嶽衡山（祝融峰）

北嶽恆山

中嶽嵩山

東鎮沂山

會稽山下，現在叫「大禹陵」。「禹爺」（魯迅〈理水〉這麼叫）的墳頭，陝西的秦始皇都來拜，你能說它不重要？此山放在吳越，也是不得了的山。

五嶽五鎮，最初只有五嶽四鎮。

《周禮·春官·大司樂》已有「四鎮五嶽」的說法。「四鎮五嶽」，不是十座山，而是九座山，什麼道理？原來，古人是以九山與九州相配。如《周禮·夏官·職方氏》，就是以九個「山鎮」配九州，每州各有一座代表性的山：

州	山鎮
揚州	會稽山
荊州	衡山
豫州	華山
青州	沂山
兗州	岱山（泰山）
雍州	嶽山（吳山）
幽州	醫巫閭山
冀州	霍山
并州	恆山

這九座山就是五嶽四鎮。

五嶽是哪五座山？《爾雅·釋山》有兩套山名：

(1)「河南華（華山），河西嶽（吳山），河東岱（泰山），河北恆（恆山），江南衡（衡山）。」

西鎮吳山

南鎮會稽山

北鎮醫巫閭山

中鎮霍山

(2)「泰山為東嶽，華山為西嶽，霍山（天柱山）為南嶽，恆山為北嶽，嵩高（嵩山）為中嶽。」

這兩套五嶽，和後世的五嶽不一樣。

前者有嶽無嵩，是秦人的五嶽。上面說過，嶽山對秦人很重要。秦併天下前，嵩山比不了嶽山。

後者有霍無衡，是漢代的五嶽。漢代，南嶽有二，一是衡山，二是霍山。衡山是秦系的南嶽，太靠南。霍山是漢代新立，近一點。南嶽從衡山改霍山，是漢武帝元封五年（前一〇六年）事。這個霍山不是山西的霍山，而是安徽霍縣的霍山，即天柱山。

鄭玄講〈大司樂〉的「四鎮五嶽」，五嶽同《爾雅》第一說，四鎮是會稽山、沂山、醫巫閭山和霍山。四鎮沒吳山，道理很簡單，吳山、岳山是同一山，岳山已入五嶽，當然不算鎮。

上表九山，衡山、華山、岱山、恆山，加上表中沒有的嵩山，就是後世的五嶽；剩下的五山，會稽山、沂山、岳山、醫巫閭山和霍山（山西的霍山），就是後世的五鎮。

五嶽四鎮變五嶽五鎮，關鍵是把第一種五嶽中的岳山去掉，降為鎮山，而把第二種五嶽中的嵩山補進去。至於南嶽，則去霍留衡，其實變化很小。

八、四瀆和四海的關係

山有「嶽鎮」，一等名山叫「嶽」，二等名山叫「鎮」，剛才講過。

水有「海瀆」，獨流入海的大川叫「瀆」，「瀆」之所歸叫「海」，剛才也講過。

這裡再強調一下。

《爾雅・釋水》：「江、河、淮、濟為四瀆。四瀆者，發源注海者也。」「四瀆」是哪四條河？「瀆」的定義是什麼？原話很清楚。

百川朝宗於海，瀆和海總是連在一起。瀆是河，但不是一般的河，上面說過，是獨流入海的大川。這樣的大川，有源有流，有湖泊（古人叫「澤」），有洲渚，九曲十八彎，最後的歸宿是大海。

瀆和海，都和水有關，都和龍王有關。求雨乞雨找龍王，龍王廟到處都有，有時就叫海神廟。四海龍王，有水的地方都拜，不一定非到海邊拜。瀆廟後面都有「海」，泉子頭，修個水池，就算「海」。頭是「海」，尾也是「海」。

古人說的四瀆，就是現在的長江、黃河、淮水、濟水。

這四條河，是個令人難忘的地理概念。我印象最深，還是來自「四五八」。什麼叫「四五八」，就是糧食畝產，黃河流域四百斤，淮河流域五百斤，長江流域八百斤，達到指標叫「達綱要」（毛主席的《農業發展綱要》）。當時盛行「跨長江，過黃河」一類說法。我在家鄉那陣兒，不讓種穀子，只讓種高粱，當時農民編了順口溜，「晉東南糧食達綱要，吃的全是豬飼料」。

濟水已淡出人們的視野。

四瀆，是兩大瀆、兩小瀆。

（一）大瀆

(1) 長江，中國第一大河，發源於青海的格拉丹東山，自西向東，流經中國南方，原先是從鎮江、揚州一帶入海，流入今黃海，現在是從上海崇明島入海，流入今東海。

(2) 黃河，中國第二大河，發源於青海的巴顏喀喇山，自西向東，流經中國北方，原先是從天津、黃驊一帶入海，後奪濟水河道，從今山東東營市入海，流入今渤海。

（二）小瀆

(1) 淮水，發源於河南桐柏縣的桐柏山，汝、潁二水，自西北而東南流，注之。它在長江北，大體與長江平行相伴，原先是從江蘇漣水縣雲梯關入海，流入今黃海，現在改走長江的河道入海，流入今東海。

(2) 濟水，發源於河南濟源市的王屋山，分南北兩段，北段在黃河北，比較短；南段在黃河南，比較長。濟水南段大體與黃河平行。它原先的入海處，現在是黃河入海處，濟水已被黃河兼併，不再入海。現在的「濟南」已變成「河南」。

小瀆要為大瀆讓道，甚至加入大瀆。按如今時髦的說法，叫「加入主流」。

四海，古人是以東南西北分。

漢代的北海是今渤海，東海是今黃海，南海是今東海和南海，西海是今青海湖。

江水，漢代的入海處是在當時的東海和南海之間。

河水，漢代的入海處是在當時的北海。

淮水，漢代的入海處是在當時的東海。

濟水，漢代的入海處也在當時的北海。西海，是塞外大澤。它們的入海口都相繼南移。

九、地壇：縮天下而觀之

史家都說，王莽是空想家，他的改制，什麼也沒留下來，此話不對。其實，後世的郊祀制度就是他的遺產。

王莽設計的郊祀，特點是只在京城設祭，祭不出郊。泰畤祭天，廣畤祭地，分別在南北郊。五帝兆，中央祭黃帝、后土，東郊祭太皞、勾芒，南郊祭炎帝、祝融，西郊祭少皞、蓐收，北郊祭顓頊、玄冥，日月星辰配焉。

他的兩畤五兆，比起漢武帝的大郊祀，簡直就是個縮微模型。這種制度，歷時近兩千年，千變萬化，早已面目全非，但大主意沒有變，基本的想法沒有變，還是在家門口祭，還是祭天地、日月、星辰、祖宗、社稷這套東西。

明清北京城有六個壇，都在城圈外，天壇在南，地壇在北，日壇在東，月壇在西，天壇西有先農壇，地壇西有先蠶壇。先蠶壇，本來在地壇旁，後來搬到北海後門，即現在的北海幼兒園，理由是，女人，大門不出，二門不邁，皇后不宜出城門。

城圈內，天安門兩邊，「左祖右社」。「左祖」是祖廟，「右社」是社稷壇。現在的勞動人民文化宮是原來的祖廟，中山公園是原來的社稷壇。

社稷壇是第七個大壇。

地壇，古代叫方澤壇，兩層，四四方方，環水，壇上有嶽鎮海瀆的牌位。

方澤壇的後面是皇祇室，裡面也有嶽鎮海瀆的牌位。

這是專門祭地的地方。

祭地的牌位，一共有五套，一套是五嶽，一套是五鎮，一套是五陵，一套是四瀆，一套是四海，多出的一套是五陵。五陵是皇陵依託的山。

同樣的牌位，也見於天壇和先農壇。

嶽鎮海瀆是「天下」的縮影。

過去，我寫過一篇文章，講民國時期的京兆公園（〈從五族共和想起的〉，收入《花間一壺酒》）。京兆公園是現在的地壇公園。

公園是西化的產物，民國才有，代替過去的「五頂」，代替過去的廟會。

當年，地壇被改造，方澤壇變講演臺，皇祇室變圖書室（當時叫「通俗圖書館」），園中空地被充分利用，養馬、種菜、種莊稼，修運動場，搞得面目全非。

有趣的是，走正門，穿東西大道，入二門，路北左手那一片，當年有個世界園。它把世界各國做成大沙盤，每個國家的首都，各擺一小門樓。

這也是「天下」的縮影。

十、五嶽廟

嶽鎮海瀆十八廟，我跑過多數，還有一些要補課。這裡，浮光掠影，講點印象。

嶽廟，現在都在，岱廟最重要。

（一）岱廟

當年，我去濟寧，是從南苑機場搭小飛機，一路顛顛簸簸，噪音很大，很不舒服。但它飛得不高，宜於觀景，也有好處。我從天際渺人間，留一印象，山東好像大花園，當中長棵參天大樹，就是泰山，樹根串得老遠。有些山頭就像伐樹留下的樹墩子，年輪，一圈套一圈。

回來，爬泰山，上山坐纜車，一下到山頂。

這座神山，是山東常見的石山，大樹長在石頭縫，鋪不全，蓋不滿，露出山體。山上有很多大石頭蛋子，和嶧山相似。這種山，根本不像南方的山，萬樹葱蘢，雲遮霧繞，空濛靈秀。但它背北面南，讓你抬頭仰望，處處透著帝王氣象。

古代封禪，封在山上，禪在山下，上有天，下有地，讓我想起北京的天、地壇。山脊上，左有日觀峰，右有月觀峰，也讓我想起北京的日、月壇。

下山繞山後，是走下來。

岱廟在山下，碑刻甚多，其中最著名，要屬《泰山刻石》，那是秦始皇封禪留下來的老東西。五嶽，只有泰山有秦刻石。

那回，我還去了東更道，位置在岱廟西南、蒿里山的東面，不在中軸線上。我懷疑，當時的

岱廟

「中」可能略微偏西（禪地的蒿里山還在其西）。

這是一處戰國時代祭祀泰山的遺址，當年有個器物坑，二十世紀五〇年代被發現，太重要，可惜只有簡短報導，發掘紀錄找不到（我跟山東博物館的人問過）。當時，我站在一個胡同口跟人打聽，問誰誰不知。最後來一老太太，拿手一指，「就這地方，就在這樓底下」。

我看見的是一片樓群。

（二）西嶽廟

西嶽廟，著名碑刻，有東漢《西嶽華山廟碑》，很有名。說來慚愧，歷年訪古，我跑得最多是陝西，兩次發掘也在陝西，但從沒上過華山。

過去有本攝影集——《江山如此多嬌》，裡面有張華山的照片，印象很深。這也是座北方的山，比泰山更美。大家都說華山險，去年，我把膝蓋爬壞，恐怕爬不動了，但很想到跟前兒看一看。

西嶽廟

（三）南嶽廟

南嶽，我沒爬，廟也印象不深，好像沒什麼太古老的東西。我只記得，一邊佛寺，一邊道觀，居然相安無事。這對大講「普世宗教」的西方人來說，簡直不可想像。

（四）北嶽廟

清順治後，北嶽改到山西渾源。大家一說北嶽廟，想到的就是渾源，此廟雖大，幾乎被人遺忘。其實，早期的北嶽廟一直在河北曲陽。這廟，前兩年才去，廟是元廟，很宏偉，碑也很多。一般的廟，山跟廟挨得很近，但此廟與山卻離得老遠。恆山在其北，現在的名字是大茂山，時間緊，沒去。它位於阜平、唐縣、淶源三縣交界處，主要在唐縣。

此行，帶回一張拓片，據說是北嶽山神的像，披頭散髮，可以鎮宅。

（五）中嶽廟

著名碑刻，有北魏《中嶽嵩高靈廟碑》。但我最感興趣，還不是廟中的碑刻，而是它的建築佈局。它還保留著金代的《中嶽廟圖碑》，可以反映宋代的建築格局。山西萬榮后土祠有塊金代的廟圖碑，可以比較。

此廟，漢代就有。現在，廟門外有對石翁仲，就是東漢遺物。石翁仲，東漢才有。東漢石翁仲，山東最多，大概有七八件，其他地方很少，一般是立於墓前。河南這一對兒，很珍貴。他倆，小矮個兒，神頭怪臉，雙手拄劍，不是立墓前，而是立門外，和其他漢翁仲不太一樣。

中嶽廟的南門，前面有條道，向南延伸，前面的太室闕，也是漢廟的遺跡。

南嶽廟

北嶽廟

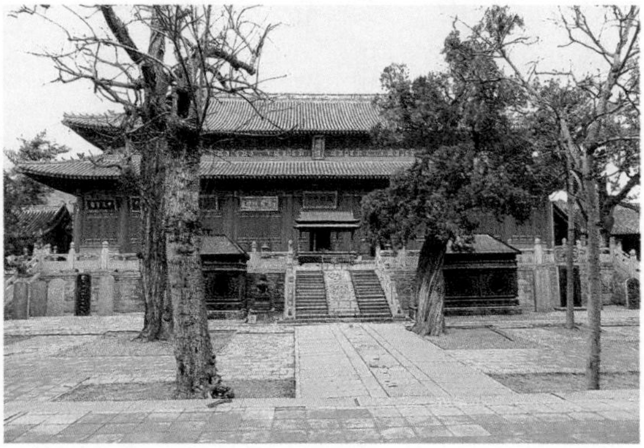

中嶽廟

東鎮廟

十一、五鎮廟、四瀆廟和四海廟

上面，我是按東南西北中講，下面也這麼講，把剩下的五鎮和四瀆、四海擱一塊兒講。

（一）五鎮廟

鎮廟，是山廟中的「二等公民」，境遇比較慘，除北鎮廟，其他四廟都很慘。

東鎮廟，我是跟山東電視臺去的。廟在沂山上。沂山是個森林保護公園，坐車，進門轉半天，才能到跟前兒。這座山，山保護得不錯，廟是重修，已非原貌。原來的舊東西，主要是碑刻，還有臺階、柱子什麼的，也留了一點兒。看廟，主要是看碑，老碑最早，是元代的碑。

西鎮廟，前些年去寶雞，本來是奔吳山，可是天公不作美，等我來了，它偏下大雨，路不好走，怕把車子崴泥裡，只好怏怏離去。我聽說，舊廟已蕩然無存，看也只是看山。

北鎮廟

南鎮廟，我去過兩次，兩次都是到舊址憑弔。此廟在會稽山前，一九五八年，颳颱風，颳倒了；「文革」，再搭一把手，徹底毀掉。我去看，就一空場，據說當過火葬場。廟中碑刻有三，兩明一清，全在紹興市文物考古研究所收著，兩次去都沒看到，其中一塊是紹興名人徐渭寫的《深秀碑》。據說，「適當時候」，當地政府會在原址重建。

北鎮廟，今年剛去，山在西北，廟在東南。醫巫閭山，很漂亮，現在是公園，入門，有六個清朝皇帝像，左右排列，迎接遊客。這山，很像山東的山，有股仙氣。我想，秦皇漢武拜的山，多半是這種樣子。特別是，我在它東面見一山，山不大，但刀劈斧皴，酷似中國山水畫。中國山水畫，想像的成份很大，離「模特兒」差距很大。畫不像山，比比皆是，真山像畫，太少見。

五鎮廟，北鎮孤懸塞外最特殊，古代拜這山的，主要是少數民族，其實是東北各族的神山。清王朝最愛這座山。北鎮廟是五鎮中唯一倖存至今的古廟。它位置選得好，在一高地上，比周圍地勢

中鎮廟

高。北邊還有塊高地，比這塊小。

中鎮廟，在霍山上，我是二〇〇二年去的。這座神山，很高大。我記得，有人在山裡燒石灰，山體有很多白色的傷疤。此廟已毀，毀於何時？一九七四年。沒問題，是毀於「文革」，毀於群眾。現在只剩一塊碑，明太祖的《洪武大碑》。這種大碑，東鎮廟也有一通，原來應該有五通。

（二）四瀆廟

江瀆廟，已毀，過去，北大的孫華教授寄我一份材料，要我寫文章，我沒到過原址，不知怎麼寫。

河瀆廟，原在蒲州城內，已毀，據說有塊清碑。這城，我去過，但廟在何處，不知道。

濟瀆廟，我是借開會之便，從洛陽去的。此廟在瀆廟中保存最好，碑刻很多，就像北鎮廟，也是個倖存者。前些年，該廟大修，據說出土過投龍簡，材料未發表。此廟投龍碑，沙畹討論過。

淮瀆廟，也毀了，舊址在河南桐柏縣桐柏一中

濟瀆廟（河南濟源）

的後院。廟宇已毀，僅存房基和擺在一起的碑刻。當地另外修了個淮源廟，是個碑林。前面有口八卦井，後頭有個水池。這個水池也算「海」。我順著水流往旁邊看，看見一頭水牛。中國的黃牛南下，可以很南，水牛北上止於此。

（三）四海廟

東海神廟，在萊州灣的海邊上，我去過萊州，沒去過原址。此廟毀於一九四六年，碑刻毀於「文革」。漢代，這裡是北海，不是東海。當時的東海是江蘇東邊的海。漢代的東海神廟不在這兒，而在連雲港。連雲港旁邊的海，才是漢代的東海。東漢的《東海神廟碑》，宋洪适《隸釋》錄其文，說廟、碑都在海州。我懷疑，孔望山一帶的摩崖石刻和石像等物就是東海神廟的遺跡。

西海神廟，在青海湖邊。王莽的西海郡古城，當地叫「三角城」，在海晏縣。當初，中國的核基地就在海晏縣。這座古城，城牆還在，運送原子彈的火車就是穿城而過。著名的王莽虎符石匱就

濟瀆廟後的北海祠（任超 攝）

淮瀆廟舊址（河南桐柏）

淮瀆廟石刻

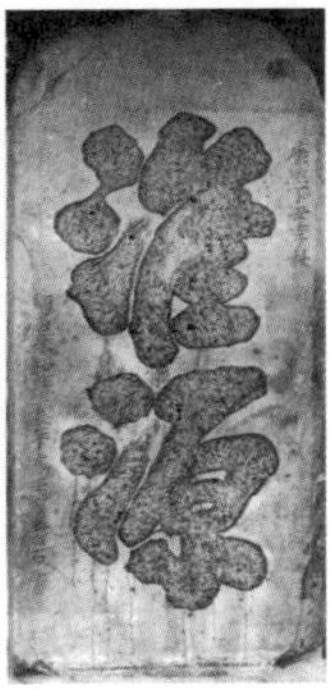

《淮源碑》

東海神廟遺址

南海神廟

北海神廟

出自該城。當年我去青海，還不知有西海神廟，光看湖，沒看廟。後來知道有此廟，又正在修，不能看。此廟是清代聚集漢滿蒙回藏各族祭祀青海湖的地方，廟中有雍正漢滿蒙三體的《靈顯宣威青海之神碑》。

北海神廟，在山海關區老龍頭。一九〇〇年，這裡是八國聯軍的兵營。據說，廟是毀於鬼子之手。現在的廟是一九八八年重修。今年夏天去看，天很熱，門外，一匹旅遊馬昏昏欲睡在打盹兒，憑欄眺海，海風撲面。

南海神廟，在廣州黃埔區南崗鎮廟頭村，建築風格是典型的南方風格。著名碑刻，有唐韓愈《南海神廟碑》。二〇〇五年，廣州市文物考古研究所在附近發掘過宋代的南海神廟。此廟在海廟中保存最好。我還沒去。

宋以後，中國的海廟都是天后宮。

十二、流風餘韻

中國早期，頭號旅行家，其實是皇帝。第一是秦始皇，第二是漢武帝。

秦始皇統一天下，在位僅十二年。這十二年，他曾五次巡遊，平均兩三年，就得出去轉一圈，最後死在路上。

這一大圈，範圍有多大？半徑差不多有一千兩百公里。

現在的中國，二十三個省、五個自治區，他跑過十三個省、兩個自治區。

河北、河南、山東、山西、陝西、甘肅、寧夏、遼寧、內蒙古、湖北、湖南、安徽、江西、江蘇、浙江，他都去了。

沒去，只有四大角落：

東北的黑龍江、吉林；

西北的青海、新疆；

東南和南邊的福建、廣東、廣西、台灣和海南；

西南的四川、雲南、貴州、西藏。

巡遊天下，談何容易。皇帝就是皇帝，老百姓，辦不到。孔子下臺後，周遊列國，說是多少國，其實只有十國，說是十國，只是幾座城。他這一輩子，從未出過山東、河南。

秦始皇巡遊天下，東巡最重要。他的臉，始終是朝向東方；眼光，始終盯著大海。他對山東最感興趣，對大海最感興趣。尋仙訪藥，海是第一目標。

中國的海岸，從遼西到長江口，天涯海角，他幾乎走遍。他的行宮，從綏中到紹興，到處都是。

北戴河的療養院是誰開闢？不是別人，正是秦始皇。

秦始皇所到之處，往往立石刻辭，大做政治廣告。他的政治廣告，是「李斯墨寶」，不是自己寫，而是由大臣寫。這和漢武帝不一樣，和乾隆皇帝不一樣。漢武帝，沒留字；乾隆皇帝，到處題。所謂「御題」，才是「領導親筆」。

漢武帝的足跡，和秦始皇差不多，範圍差不多，頻率也差不多。

這是制度的慣性使然。不是王莽出來，剎不住車。

古今中外，海是烏托邦。

李白的詩，「海客談瀛洲，煙濤微茫信難求。越人語天姥，雲霓明滅或可睹」（〈夢遊天姥吟留別〉）。海，變得虛無縹緲，他才把目光投向山林，「五嶽尋仙不辭遠，一生好入名山遊」（〈廬山謠寄盧侍御虛舟〉）。

桃花源，是另一種烏托邦，在山裡。

道教，洞天福地，也在山裡。

王莽之後，巡狩封禪，不再是常制，城市復歸中心。只有逃避中心、甘處邊緣的人才迷戀山林。第一是隱士，第二是道士，第三是和尚。

他們都往山裡跑。

中國的十大名山、四大名川，由誰來繼承？主要是道士。

投龍是道教儀式，它是早期山川祭祀的延續。很多投龍簡就是在這些地點發現。

十三、出土發現

當年，沙畹研究泰山，幾乎全憑文獻，並沒見過封禪實物；研究投龍，也是利用文獻和碑刻（記載投龍活動的碑刻），並沒見過投龍簡。

予生也晚，比他運氣好，看過很多他沒看到的東西。這裡按發現地點，講一下歷年的發現。

（一）泰山

一九三〇年，中原大戰，馬鴻逵幫蔣介石在山東打馮玉祥，駐防泰安。次年，他在蒿里山修烈士碑，建烈士祠，無意中發現唐玄宗玉冊和宋真宗玉冊。馬氏臨死前，把玉冊給了蔣介石，現藏台北故宮博物院。前者是用漢白玉製成，我在他們的庫房看過；後者是用白玉製成，一直在展廳陳列。這兩套玉冊，都是用於禪禮。史書記載，唐玄宗的玉冊是宋真宗發現，他把這些玉冊重新埋下去，上面放了他的玉冊。歷代帝王封泰山，玉冊是埋在泰山頂，明清也有發現，沒有留下來。

一九五四年，在泰山腳下一個叫東更道的小地方發現過一個用大石覆蓋，方形長條狀的祭祀坑，內有戰國浴缶六件、三足鐵盤一件。七件器物，現藏山東省博物館。銅缶，類似楚國的盥缶，銘文是燕國風格（工匠題名），祭祀者是誰，這還是個謎。

另外，二〇〇一年漢長安城桂宮四號建築遺址出土過一件王莽玉版，銘文提到「封亶（禪）泰山」，也和泰山有關，最近正在首都博物館展出。

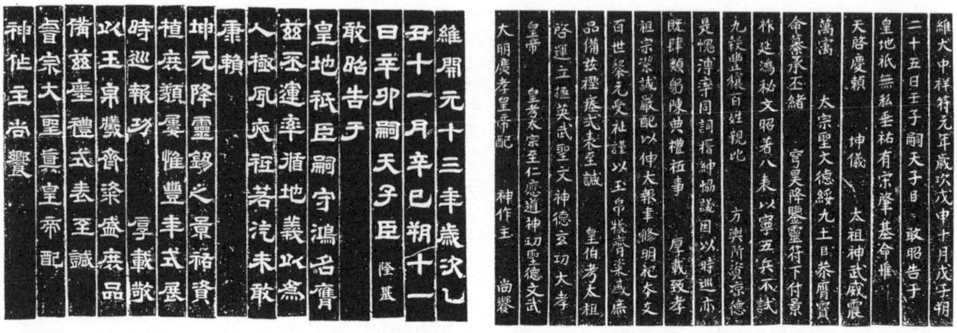

唐玄宗玉冊（左）和宋真宗玉冊（右）

泰安東更道祭祀坑出土的浴罐

漢長安城桂宮四號建築遺址出土王莽玉版

王莽封禪玉版釋文

……萬歲壹紀

……□，作民父母。清□……

……□退，佞人奸軌（宄），誅□……

……延壽，長壯不老，累……

……封亶（禪）泰山新室昌。……

（二）華山

一九九八年，我在一個私人藏家手中見過兩枚戰國時期的玉版，我叫「秦駰禱病玉版」。這種玉版，其實就是道教投龍簡的前身，非常珍貴。後來我寫過文章，發在《國學研究》上。現在，這兩件玉版已歸上海博物館。銘文提到「華大山」，可見是華山出土。

（三）衡山

貴州省博物館有件唐玄宗投龍簡，是用一塊長三十七．九、寬十二、厚〇．八公分的大銅版製成。二〇〇八年，我到貴陽看過原物，是祭衡山的投龍簡。

（四）嵩山

一九八二年，兩個農民在嵩山峻極峰玩耍，偶然在半山腰發現武則天投龍簡，銘文稱為「金簡」，其實是鎏金簡，現藏河南博物院。

（五）武當山

一九八一年，武當山紫霄宮出土過明建文帝投龍簡，同出之物，有玉璧和金龍，現藏武當山道教博物館。

華山皇甫峪

皇甫峪停車場：秦駰禱病玉版的發現地

秦駰禱病玉版

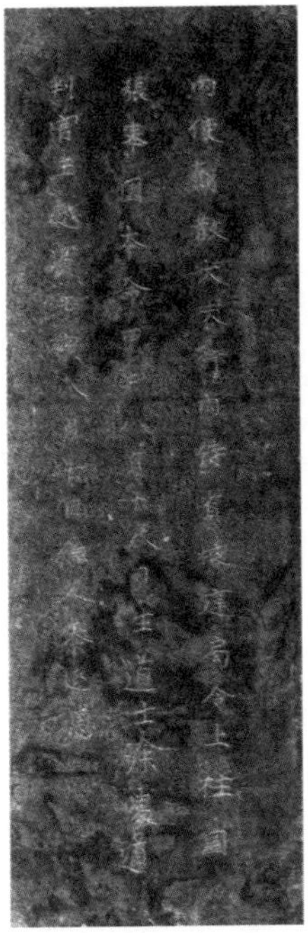

唐玄宗投龍簡（正面拓本）　　唐玄宗投龍簡（背面）

唐玄宗投龍簡釋文

大唐開元神武皇帝李隆基，本命乙酉八月五日
降誕，夙好道真，願蒙神仙長生之法，謹依上清靈
文，投刺紫蓋仙洞，位忝君臨，不獲朝拜，謹令道士
孫智涼賫信簡以聞，惟金龍驛傳。
太歲戊寅六月戊戌朔廿七日甲子告文。（正面）

內史朝散大夫行內侍省掖廷局令上柱國
張奉國，本命八月十八日生。道士涂處道、
判官王越賓，壬寅八月七日。傔人秦巡恩。（背面）

武則天金簡釋文

上言：大周國主武曌，好樂真道，長生神仙。謹詣中
岳嵩高山門，投金簡一通，乞三官九府，除武曌罪名。
太歲庚子七月甲申朔七日甲寅，小使臣胡超稽首再拜謹奏。

武則天投龍簡

武當山紫霄宮賜劍臺出土的小金龍

吳越王錢鏐投龍簡

西湖投龍

大宋嗣天子臣頊〔□□□□□□□□□□□□□□□□□□□□□□□□□□□□□道士〕三七人，開啓同天蓈金籙道場一〔□□□□□□□□□□□□□□□□□□□□□□□濟瀆啓〕水府，投送金龍玉簡，願神願仙，三元同存，九府水帝，〔十二河源，江海淮濟，冥靈大神，乞削罪名，伏地奏，上聞九天，謹詣水府金龍驛傳。

熙寧元年，太歲戊申四月□〔□□□□□□□□□□□□□水府〕告文。

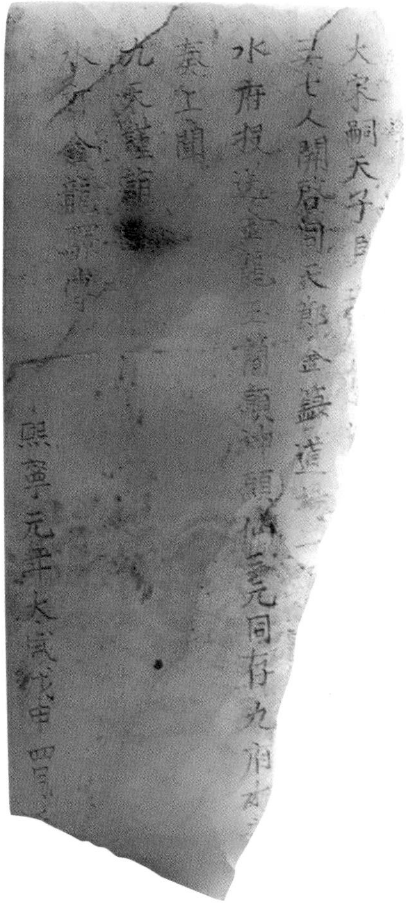

濟瀆廟宋神宗投龍簡

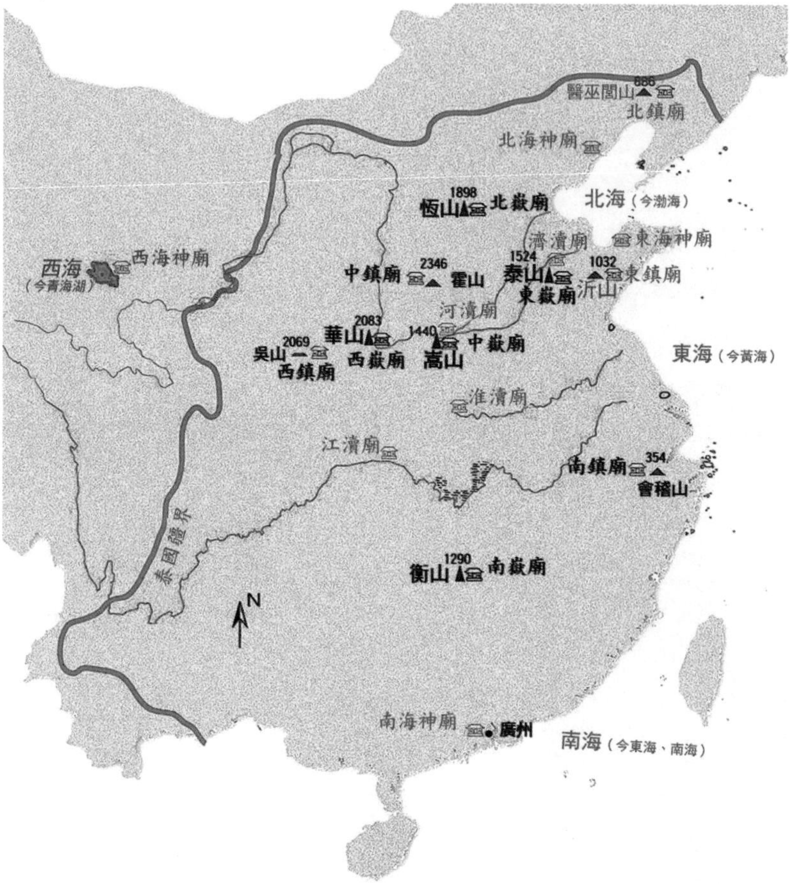

十八廟分佈圖（任超 繪）

（一）五嶽廟

(1)東嶽廟（岱廟），在山東泰安市泰山腳下（泰山在其北）。

(2)西嶽廟，在陝西華陰市東嶽廟街上（華山在其南）。

(3)南嶽廟，在湖南衡陽市南嶽區（衡山在其北）。安徽霍山縣也有南嶽廟。

(4)北嶽廟，在河北曲陽縣縣城內（恆山在其北）。清順治後的北嶽廟在山西渾源市。

(5)中嶽廟，在河南登封市（嵩山在其北）。

（二）五鎮廟

(1)東鎮廟，在山東臨朐縣沂山東麓的九龍口。

(2)西鎮廟，在陝西寶雞市西北。

(3)南鎮廟，在浙江紹興市會稽山下。

(4)北鎮廟，在遼寧北鎮市西。

(5)中鎮廟，在山西霍州市霍山主峰下。

（三）四瀆廟

(1)江瀆廟，在四川成都市文廟西街（毀）。

(2)河瀆廟，在山西永濟市蒲州城（毀）。

(3)濟瀆廟，在河南濟源市廟街村。

(4)淮瀆廟，在河南桐柏縣桐柏一中院內。

（四）四海廟

(1)東海神廟，在山東萊州市海廟鎮姜家村西北的海岸上。

(2)西海神廟，在青海省共和縣倒淌河鄉黃科村西。

(3)北海神廟，在河北秦皇島市山海關區老龍頭。

(4)南海神廟，在廣東廣州市黃埔區南崗鎮廟頭村。

（六）西湖、鑑湖

五代吳越國，經常在此二湖舉行投龍，因此有一些發現。這些投龍簡，大小不一，皆為銀製，浙江省博物館有三件、紹興市博物館有兩件。西湖也出過小銅龍。

上述簡冊，古人沉埋，範圍甚廣，頻率甚高，今日所見，只不過是其中的一丁點兒。毫無疑問，中國的山山水水，這類遺物，不知有多少，沒準什麼時候，冷不丁又會露頭。等著瞧吧。

二〇〇九年十月二十三日寫於北京藍旗營寓所

（原稿曾被裁為兩篇，分別以〈古人的山川〉和〈十八廟印象〉為題，刊於《華夏地理》二〇一〇年一月號）

補記：

此文寫成後，我多次外出考察：二〇〇九年訪西嶽廟，二〇一〇年訪華山皇甫峪和吳山，二〇一二年訪萊州東海神廟，二〇一四年訪南海神廟，二〇一五年訪恆山（大茂山）。至此，上述嶽鎮海瀆和嶽鎮海瀆廟，除西海神廟，我都已走到。

《唐玄宗封禪泰山圖》（高平仙翁廟壁畫　任超 攝）

登泰山，小天下

泰山是山東中部的一座山。

論高，它只有一千五百三十二．七公尺（二〇〇七年的新數字）。這一高度，別說比不了中國西部雪線以上的山（五千公尺以上），就連陝西、山西的山，很多都比它高（兩千公尺以上）。

論美，它也比不了黃山、峨眉。中國南方的很多山，雲遮霧罩、岩秀林奇，別提多妖嬈嫵媚，咱們北方人不能不服。

可是有一點，絕不是吹牛。中國的萬水千山，論名氣，哪座都比不了泰山。

一

泰山出名，首先和兩位歷史名人有關，一位是孔子，一位是秦始皇。

過去，講中國歷史文化，有個死結，就是非拿他倆當冤家對頭。你必須做出選擇，要麼站在孔子一邊，要麼站在秦始皇一邊。其實何必如此？這都是後人拿他倆說事。

孔子和秦始皇，對中國歷史影響太大，要談中國歷史文化，其實一個不能少。中國有兩次大一統，一次是「周公吐哺，天下歸心」的大一統，孔子天天做夢，夢想恢復的西周大一統。還有一次，是秦始皇再造的大一統。我敢說，中國歷史上，沒有哪個事件，可以和這兩個事件相比。

中國的兩次大一統，所謂「大一統」就是古人眼中的世界，中國人叫「天下」。

孔子登泰山，見於《孟子》。孟子說，「孔子登東山而小魯，登太山而小天下，故觀于海者難為水，遊于聖人之門者難為言」（《孟子·盡心上》）。

孔子登東山，是登蒙山。登蒙山，只能小魯。要想一覽天下，必須登泰山。《禮記·中庸》說，「君子之道，辟如行遠必自邇，登高必自卑」。現在登泰山，泰山腳下有個「孔子登臨處」，臺階右邊有塊明碑，上面寫著「登高必自」，故意隱去一個字，就是「卑」字。人往高處走，卑是最低處。無論是誰，登山都得這麼登。山上，也有一些後人所設附會《孟子》的景點。他們相信，孔子登上山頂，不光看日出，還舉目四望，東觀大海，南瞻吳、越，西眺秦、晉，北顧燕、齊。

這就是孔子的「小天下」。他的志在天下，是周公的天下。

說起泰山，必及秦始皇。他跟泰山的關係，遠比孔子近，不但可考，而且可靠。

泰山出大名，主要靠帝王。《史記·封禪書》，開頭有句話，「自古受命帝王，曷嘗不封禪」。司馬遷說的「自古受命帝王」，據說有七十二位，其中最有名，要屬大禹。司馬遷搬出這個名單，主要是為了講漢家封禪。漢武帝「接千歲之統，封泰山」，為一時之大事。司馬遷的爸爸就是因為沒能參加這個大典，鬱悶而死（《史記·太史公自序》）。

漢武帝的榜樣是誰？是秦始皇。如果說，西漢帝國有如歐洲歷史上的羅馬帝國，那麼秦始皇就是中國的亞歷山大。

秦王政稱始皇帝，只有十二年。這短短十二年，他曾五次巡遊天下。

第一次是西巡（前二二〇年），視察隴西、北地二郡。

孔子登臨處

第二次是東巡加南巡（前二一九年）。他從陝西出發，一路東行，直奔山東，先去孟子的老家，登嶧山，再去泰安、新泰，封泰山，禪梁父。然後巡海，圍著山東半島轉大圈，這是東巡。南巡，是渡淮、泗，溯長江，去荊州。返程是走武關道。

第三次是東巡（前二一八年），還是去山東，圍著山東半島轉。這次，他登過芝罘山，去過琅琊臺，最後是經上黨（晉東南）回陝西，估計是從滏口陘入，太行陘出。

第四次是北巡（前二一五年），他從昌黎、秦皇島、綏中，順著海邊，北上遼寧，從東往西轉，視察長城沿線。最後，從九原（包頭），經上郡（榆林），返回咸陽。

第五次是南巡加東巡（前二一〇年），他先去南郡，順長江，去紹興，然後順著海邊，北上膠南，再次圍山東半島轉。這一次，他死在了河北廣宗縣。屍體從井陘口，運進山西，轉道內蒙古，最後從包頭，沿直道送回咸陽。

這五次，除第一次和第四次是視察西北邊防，其他三次都是以山東為中心。封禪泰山是第二次，這是秦代的大事。

秦始皇巡遊天下，留下一批刻石，即第二次巡遊的嶧山刻石、泰山刻石、琅琊刻石，第三次巡遊的芝罘刻石和東觀刻石，第四次巡遊的碣石刻石，第五次巡遊的會稽刻石。這七塊廣告牌，有五塊立在山東。秦始皇的政治吆喝，全都寫在上面。它們，只有兩塊還在：一塊是泰山刻石的殘石，在岱廟；一塊是琅琊刻石，在國家博物館。

它們廣告什麼？就是廣告他的天下。

二

中國的十大名山，五嶽五鎮，地壇裡面排座次，泰山排第一。泰山為什麼重要，要從中國的天下觀來認識。

（一）中國的五嶽五鎮是代表天下，它是按東南西北中，各挑一個，東方是挑泰山

山東的山，一千公尺以上有六座，按高度排序，依次是：泰山（一千五百三十二．七公尺）、蒙山（一千一百五十六公尺）、嶗山（一千一百三十二．七公尺）、魯山（一千一百零八．三公尺）、沂山（一千零三十一．七公尺）、徂徠山（一千零二十七公尺）。這六座山，除嶗山孤懸海隅，在青島，其他五座，集中在山東的中南部。泰山、徂徠山，偏西；魯山、沂山，偏東；蒙山，偏南，皆屬泰沂山系。它們當中，泰山最高，南來北往，位置最適中，古人選它當東嶽，那是當之無愧。

（二）山東半島，泰山南北是分界線

山東多古國，小國林立，大國有三，一曰齊，二曰魯，三曰莒。這三大國，臨淄和曲阜畫條線，中點在萊蕪。萊蕪是夾谷之會的地點，齊長城穿其北，魯長城穿其南。兩國國君是在邊境上會面。泰山在萊蕪的西邊。它的緯度大約為三十六度十六分。這個緯度，是個分界線。此線以北是齊國的地盤，以南是魯國和莒國的地盤：魯在西，莒在東。泰山雖屬魯國，但在它的邊境線上。

（三）山東半島，泰山是最重要的祭祀中心

秦始皇巡遊天下，最迷山東。他的東巡路線基本上是跑八主祠。什麼是八主祠？一是西三祠，配三才：天主祠在淄博的臨淄古城，地主祠在泰安的梁父城，兵主祠在汶上，全在內陸。二是東五祠，配陰陽五行：陰主祠在萊州三山島，月主祠在龍口萊山，陽主祠在煙台芝罘島，日主祠在榮成成山頭，四時主祠在膠南琅琊臺，全在海邊。它們分屬三國：天主、陰主、月主、陽主、日主五祠在齊，地主、兵主二祠在魯，四時主祠在莒。戰國晚期，它們被齊人整合為一個系統，東南西北圍成一大圈，核心的核心是泰山。當年，法國漢學的泰斗沙畹來中國，他第一眼迷上的就是這座千古名山。他的第一本書是《泰山》，最後一本書是《投龍》。兩本書都和泰山有關。

（四）山東是太陽升起的地方，泰山是五嶽之首

周人和秦人，臉是朝向東方。考古發現，秦人的陵墓也向東方。《尚書・堯典》說，日出嵎夷暘谷，「寅賓出日，平秩東作」。東方紅，太陽升，山東是太陽升起的地方。山東大汶口，就在泰山的南面。它的陶器，最典型的刻畫符號就是表現日出。八主祠，日主祠，祭太陽，位置在山東

半島伸向大海的尖上。最早迎接太陽的地方是成山頭。我們登上泰山，一定要看日出，道理就在這裡。五嶽配五行，五行的開端是東方。泰山當然是五嶽之首。

（五）泰山是歷代帝王舉行封禪大典的地方

中國的五嶽，只有泰山行封禪。這個意義，不僅超出了山東，也超出了五嶽。天大地大皇帝大，歷代帝王都拜泰山。秦始皇之後，還有五個皇帝來封禪，漢武帝、漢光武帝、唐高宗、唐玄宗、宋真宗。他們在泰山頂上祭天，在泰山腳下禪地，照例要埋玉冊。唐玄宗和宋真宗的玉冊，山上出過，山下也出過。山上的丟了，山下的玉冊，被馬鴻逵挖出來，現在在臺北故宮，就是這類活動的見證。

總而言之，泰山是代表天下。

三

天下是打出來的。

司馬遷說，「或曰『東方物所始生，西方物之成孰（熟）』，夫作事者必于東南，收功實者常于西北」（《史記．六國年表》），歷史上，總是西北征服東南。比如我們說的兩次「大一統」，就是周人和秦人對東方和南方的征服。

當然，事情也有例外，比如漢朝，就是江蘇人打敗陝西人，報了亡國之仇。但我們不要忘了，漢朝的漢還是和陝西有關。劉邦起於蜀、漢，司馬遷說了，劉邦打敗項羽，還是屬於西北征服東南。周都豐、鎬，秦都咸陽，漢都長安。周、秦、漢、唐，重心都在陝西。

崤、函以東，無論對周人來說，還是對秦人來說，都是他們的新邊疆。他們的天下，東擴再東擴，山東是最前沿。這幫陝西人，向前向前向前，一路殺到天涯海角，前面是茫茫大海，天風撲面，什麼也看不見。他們是止步於此。

海外神山，虛無縹緲，派人找，找不見，眼前的神山倒有一座，這就是泰山。秦始皇相信，只有登上泰山，他的天下，才畫上了圓滿的句號。他登泰山，行封禪，告天告地，意義在於宣示主權，就像我們攻下敵人的山頭，要在上面插旗。

中國的兩次大一統，都和陝西人佔領山東有關。但什麼是真正的陝西人，什麼是真正的山東人，可並不簡單。

周人是真正的西北土著，真正的陝西人。他們佔領山東，北封齊太公，南封魯周公，從此，才有齊國和魯國。大家都說，太公是山東人，周公是山東人，孔子是山東人。但姬、姜聯軍來自陝西，周公的老家在岐山，孔子的老家在商丘（他是宋人在魯的第三代移民）。他們的根都不在山東。

秦人，一般人都以為是地道的陝西人，而且是西北蠻族，比周人還土著。陝西人也最認同秦人（他們的戲叫秦腔）。但秦人不是姬姓，不是姜姓，而是嬴姓，他們的同姓，多在山東，還有一些，擴散到河南、安徽和蘇北。住在山東的叫東夷，住在淮水流域的叫淮夷。嬴姓奉少皞為始祖。秦人祭白帝，白帝就是少皞。少皞之墟在哪裡？恰恰就在曲阜。

秦人怎麼從山東人變陝西人，這件事，司馬遷早就講過。他說，商代末年，嬴姓的一支去了山西，後來變成趙國。另一支去了甘肅，最後定居陝西。最近，清華大學購藏的楚簡也證實了這一點。他們也是外來戶。

周滅商，大約在公元前一〇〇〇年。經此事變，秦人的祖先離開了曲阜。魯人的祖先住進了曲阜。這是一次歷史大換位。

大家想不到吧，周公佔領的地方其實是秦人的祖庭。八百年後，秦始皇重新踏上山東的大地，其實是「大風起兮雲飛揚，威加海內兮歸故鄉」。

從此，泰山才成了一座代表天下一統的山，天下第一山。

二〇一一年八月四日寫於北京藍旗營寓所

避暑山莊

避暑山莊和甘泉宮

避暑山莊在河北承德，是清代的離宮。甘泉宮在陝西淳化，是漢代的離宮。兩者的時間距離有一千八百年，空間距離有一千八百里，它們之間有什麼關係嗎？沒有。但它們卻有不少可以比較的地方，值得玩味和思索。研究中國民族史和中國制度史，讀者或有取焉。

一、避暑山莊

避暑山莊建於一七〇三至一七九二年，地點在河北承德，位置在盛京（瀋陽）和北京之間。三點一線，它大約是中間那個點（離北京近，距盛京遠）。這個位置值得注意。

為了理解的方便，我想打個比方。

周人從今扶風、岐山一帶崛起，沿渭水東進，佔領今長安一帶，再出函谷關，佔領夏地和其中心城市，今洛陽一帶，形成三個都邑：岐周、宗周和成周。岐周和宗周（包括豐京和鎬京）在關內，成周在關外。清人從東北入關，進入河北北部，從東北到西南，也有三個中心：盛京、承德和北京。盛京是老巢，相當岐周，為第一站。承德是聯結東北、蒙古的關節點，相當宗周，為第二站。北京是控制漢地和中國的中心，相當成周，為第三站。盛京是留都（原來就叫承德），承德是陪都（等於第二個盛京），北京是首都。北京在長城以內，承德和盛京在塞外。

一般印象，騎馬控弦的游牧民族，他們都是逐水草而居，輾轉遷徙，居無定所，像鳥兒一樣，海闊天空，自由飛翔。但實際上，他們是候鳥，隨季節而遷徙，遷徙有固定路線。游牧人，夏天常在北方或山北的某個草場放牧，冬天則在南方或山南的某個牧場放牧，牧場分夏牧場和冬窩子，彼此之間，也各有分地。匈奴、鮮卑、突厥、蒙古莫不如此。清代皇帝，冬春住北京，夏秋住承德，往來長城內外，也是保留著這樣的習慣（主要是康熙、雍正、乾隆時期）。歐洲和俄國的王宮，也有類似情況。

避暑山莊，即熱河行宮，是清代皇帝的夏宮。這個地方，我嚮往已久，但一直沒去，近年，借便開會，才第一次踏上它的土地。

這裡講一下我的印象。

第一，以前有位外國朋友跟我說，出北京，往北走，去承德的路上，一路非常漂亮，美得讓你喘不過氣來。但我的感覺，是司空見慣，沒什麼特別之處。彼此的眼光不一樣。出古北口，回望長城，我會想起斯當東（Sir George Thomas Staunton, 2nd Baronet）在《英使謁見乾隆紀實》（葉篤義中譯本，商務印書館，一九六三年）中的描寫。兩百年前，馬戛爾尼率領英國使團前往承德拜謁乾隆皇帝，也是從這裡經過。對比於他們境內殘存的羅馬時期的長城（哈德良長城），他們對這個偉大建築非常景仰，也非常好奇，曾登臨眺望，進行實地測量。書中寫道，「自從大一統局面形成之後，長城已大大減少了過去的重要性。隨著長城作用的縮減，中國人對它的興趣也跟著消失。初次來到中國看到這個偉大建築的使節團員們對之讚歎備至，但陪送前來的中國官員似乎對它不予以任何注意」。長城，秦、漢以下，都是為了拒胡。滿、蒙是被拒對象，和漢族的想法當然不同。中國

《弘曆哨鹿圖》

的長城雖有預警和阻延的效用，但不可能把入侵者徹底擋在牆外（羅馬長城也一樣）。現在的長城是明代的長城，修得再好，等於馬奇諾防線。滿人入關，失去意義，棄之山上，成為古蹟，年深月久，凋零敗落，是必然結果。

第二，避暑山莊的修建是和木蘭圍場有關。木蘭圍場在承德以北一百五十公里，佔地一萬零四百平方公里，現在叫圍場縣。它的位置，正好在漠南蒙古的南緣，盛京的西側，北京的東北方向，是滿、蒙、漢三族相鄰的一塊三角地，漢族曾以「韃虜」混稱滿、蒙，英

避暑山莊麗正門

人稱之為「韃靼之地」。清代皇帝在此會蒙古王公，聚滿、蒙八旗進行秋獮，有強烈的象徵意義。秋獮是圍獵，同時是軍事演習。中國古代校閱士卒，也是借圍獵行之。春獵叫蒐，夏獵叫苗，秋獵叫獮，冬獵叫狩，四季各有專名（《爾雅・釋天》）。但漢族是農業民族，古人有「三時務農而一時講武」的說法（《國語・周語上》），圍獵主要在冬天。清代皇帝不同，夏天避暑，秋天打獵。圍獵主要是獵鹿。「木蘭」是滿語，本身是鹿哨的意思。時間則選在秋高氣爽、鳥獸肥壯的時節，套用漢語的說法，當然就是「秋獮」。貴族喜歡打獵，各國都如此。滿、蒙也有此好。但清代皇帝在此行獵，還有特殊的政治意義。一是告誡滿族子弟，不要忘本，要居安思危，保持尚武之風，發揚「國語（滿語）騎射」的滿族傳統，二是撫綏蒙古各部，受其朝覲，固其盟好。康熙設木蘭圍場，本來住灤平（喀喇河屯），後來才建熱河行宮。他從北京出發，去木蘭圍場，一路有二十多個行宮，承德最重要，康熙、雍正、乾隆，每年夏五月到秋

乾隆書麗正門匾額（漢、滿、蒙、回、藏五體）

1965 年版「大團結」人民幣

九月在此避暑、秋獮，一住就是小半年。其地位實相當於陪都。但盛世轉衰，嘉慶以下的皇帝，不遵祖制，來的是越來越少。當地滿、蒙、漢雜居，經過三百年融合，很難分辨。我和當地滿族人交談，口音酷似北京話，但仔細聽，還是有一點東北味道。當地廚子擅長做滿漢全席。人之口味，各隨父母，但好吃的東西，沒人拒絕。滿漢全席，主要是魯菜加東北、內蒙古口味，本身就是民族融合的象徵。

第三，避暑山莊，山莊本身，讓人想起法國的凡爾賽宮。作為皇家園林，和圓明園、頤和園一樣，湖光山色，非常美麗。但我印象最深的，是它的門。山莊正門叫麗正門，這個名字是取自元大都的正門。有清一代，是以「外來之君入承大統」，作為征服王朝，寧可認同蒙古人建立的元朝，對漢族復明極為敏感。他們說漢族偏見太深，對元朝的評價極不公允，「歷代以來，如有元之混一區宇，有國百年，幅員極廣。其政治規模，頗多美德，而後世稱述者寥寥。其時之名臣學士，著作頌揚，紀當時之休美者，載在史冊，亦復燦然具備。而後人則故為貶詞，概謂無人物之可紀，無事功之足錄。此特懷挾私心，識見卑鄙之人，不欲歸美於外來之君，欲貶抑淹沒之耳」（《大義覺迷錄》）。這裡是滿、蒙聯絡感情的地方，宮門名稱就是體現。麗正門，乾隆題的匾，是用清代所謂的漢、滿、蒙、藏、回五種字體書寫。清朝是五族雜居，當時有《五體清文鑑》。清代圖書，有很多是滿漢或蒙漢合璧的本子（法國漢學，最初也是滿漢兼授）。很多匾額、碑刻、璽印也是數體並行，就像現在各國的國際機場，也是用多種文字（過去主要是英、法、德、俄、日五體，現在偶爾還有中、韓二體）。清朝的五族，漢族是地位不高文化高，書匾，仍以漢字為主，作通行文字，滿、蒙次之，藏、回又次之。這種習慣，現在還有保留，如我們花的人民幣，凡紙幣，上面都印有漢（漢字和漢語拼音）、蒙、藏、維、壯五種字體。五體並用，也是民族融合的象徵。

第四，避暑山莊，外面有十二座廟，八座住喇嘛，四座不住。前者即「外八廟」。外八廟的「外」是對北京而言，指其建於塞外。它們從理藩院支銀，在北京有辦事處。理藩院是當時的民族事務委員會和宗教事務管理局。外八廟是康、雍、乾時期中國邊疆政策的象徵。溥仁、溥善二寺，是康熙為蒙古各部前來祝壽（六十大壽）而建，為漢式。其他六座，都是乾隆所建。普寧寺，是乾隆為慶祝平定準噶爾部（衛拉特蒙古之一），宴請衛拉特蒙古（西蒙古，即明瓦剌）各部的首領而建，是照西藏三摩耶廟（桑鳶寺）的樣式；普佑寺，是蒙古喇嘛的經學院。安遠廟，也是乾隆為慶祝平定準噶爾部而建，則仿新疆伊犁的固爾札寺。普樂寺，是為慶祝杜爾伯特部（亦衛拉特蒙古之一）、左右哈薩克和東西布魯特歸附而建。這四座是藏漢混合式。普陀宗乘之廟（也叫小布達拉宮），是乾隆為四方藩屬前來祝壽（他自己的六十大壽和他母親的八十大壽）和慶祝土爾扈特部（亦衛拉特蒙古之一）東歸而建，則仿西藏拉薩的布達拉宮；須彌福壽之廟，是為六世班禪前來祝壽（七十大壽）而建，則仿西藏日喀則的扎什倫布寺（班禪在後藏所居）。這兩座是藏式。所有八座廟，都是喇嘛廟。歷史上，漢族與北方民族為鄰，苦其侵擾，從秦始皇到明太祖，都是靠「高築牆」。滿族以外族入主中原，角色相反，是靠「廣修廟」。清代懷柔遠人，主要用喇嘛教（黃教，而不是他們原來信奉的薩滿教）。滿、蒙、藏三族可以一教統之。漢地有佛教，也可相通。只有維、哈等族，因為信仰不同，不適用。

清朝不僅在此接見藩臣，也接見外國使節。如一七九三年，馬戛爾尼率領的英國使團，就是在避暑山莊萬樹園的黃幄大帳謁見乾隆皇帝。中國古代的「藩」，既是邊疆也是外國，兩者的概念常有混淆。在乾隆皇帝眼裡，英國和蒙、藏藩臣也差不多，只不過距離更加遙遠罷了。

二、甘泉宮

中華帝國的王朝史，秦漢是頭，明清是尾。避暑山莊和甘泉宮，正好在一頭一尾。它們都是帝國盛世的輝煌建築。

甘泉宮，是漢武帝因秦舊宮而建，大約建於漢武帝建元二年（前一三九年）前後。它的興衰，也和國運相伴，武帝最盛，昭、宣弛廢，元帝復作，成、哀則時罷時復。漢平帝元始五年（公元五年），王莽奏廢武帝諸祠，這裡不再是皇帝的駐蹕之所。但東漢時期和魏晉南北朝，舊宮仍偶爾被使用，隋唐以來，才湮滅無聞。現在是一片廢墟。

去年，去陝西考察，自西安出發，西北行，經三原、涇陽，從谷口入淳化縣境，道如深溝，越往北走，越高越平，最後到達這片遺址。

過去，讀漢賦，如王褒的〈甘泉賦〉，揚雄、劉歆的〈甘泉宮賦〉，我的印象是，這裡山川秀麗，宮觀玲瓏；珍禽異獸，出沒其中；繁花茂樹，點綴四周。但一路所見，卻是滿目的黃土，溝溝坎坎，顛顛簸簸（當時正在修路），除了莊稼地還是莊稼地，北面的遠山（甘泉山），也是昏蒙一線。那感覺就像西方探險家初入伊拉克。他們很難想像，眼前這個氣候惡劣，蚊蠅叢生，野獸出沒，強盜橫行，貧瘠而荒涼的土地，就是《聖經》和古典作家筆下那個有如仙境的文明之域（凡是古老文明所在，都比較貧窮落後，災難深重）。

這是一片開闊的原區，荒煙衰草之中，有十個綠草叢生、大小不一的土堆（夯土臺基）聳立其中。其中兩個窩頭狀的土堆，是「通天臺」。兩臺的前面有個小院，是遺址文物保護管理所的工作站，則是明清武帝廟的獻殿所在。院子後面，兩臺之間，野地裡，戳著兩件西漢石刻：石熊和石鼓。石熊，面部殘損，但憨態可掬。石鼓，高可齊腰，據說原有魏太和六年艾經、艾程等人的題記，已經看不清，可以看清的是宋政和六年（一一一六年）种浩等七人的題記。田埂上，隨處可見農民耕地撿出的殘磚斷瓦，拿起看一眼，都是秦漢遺物。除此之外，一切很平常，就像其他北方農村。歷史的記憶，震撼的美麗，靜靜地埋在這片土地之下，一睡就是兩千多年。沒有人去發掘，把它從沉睡中喚醒。

空白誘發想像，止不住。我們還是看看古人留下的描寫吧。

第一，從地圖上看，甘泉宮也是漢胡來往的關節點。它所在的雲陽縣，本來是義渠戎（可能與匈奴有關）所居，秦昭襄王母宣太后詐殺義渠王，才佔有該地。秦昭襄王修長城，是秦始皇修長城的先聲。他修的長城是斜穿北緯三十八度線的長城。始皇拒胡，再修長城，則把漢胡分

甘泉宮遺址

界線推進到北緯四十一度線左右，設北地、上郡、雲中、九原四郡鎮守之，控制匈奴南下的通道。秦末漢初，中原內亂，匈奴南下，佔領蒙恬故塞，曾一度把漢胡分界線回推到秦昭襄王長城，即朝那（今甘肅固原東南）、膚施（今榆林東南）一線。漢武帝再拒戎胡，又把匈奴勢力回推到秦始皇長城，即北緯四十一度線。甘泉宮是在雲陽，今陝西淳化縣的西北。淳化縣又在秦都咸陽和漢都長安的西北。它和咸陽、長安有馳道相連，去長安約三百里（《三輔黃圖》卷二）。這個地點，是從兩大帝都北上黃土高原的入口。秦、漢在此大興土木，修建離宮，是以它為北通胡地的塞門。秦人北拒匈奴，是仰賴兩大工程，一是自西而東，起萬里長城，西起臨洮，東至遼東；二是自南而北，修高速公路，以雲陽為起點，九原（今內蒙古包頭市的西北）為終點，當時叫直道（長約九百公里）。直道的起點就在甘泉宮後約四公里的甘泉山上。秦始皇崩於沙丘，他的屍體就是從井陘、九原，沿秦直道，經雲陽，送回咸陽發喪。漢代備胡，也是以它為長安的門戶。

第二，甘泉宮是西漢的六大宮殿之一。其他五宮，長樂、未央、建章、桂、北，全部集中在長安。長安以外的離宮，名氣最大，要數甘泉宮。甘泉宮是因秦舊宮而建，不是一個宮殿，而是一個宮殿群。學者說，它的實際地位是陪都，一點沒錯。這個宮殿群，也是一座大型園林，當時叫「甘泉上林苑」（有「甘林」瓦當出土），或省稱「甘泉苑」。園林是仿長安上林苑（原為秦苑），既是避暑勝地，也是校獵的圍場。苑南有大湖，和長安一樣，也叫「昆明池」。苑中宮觀，是以秦林光宮和漢雲陽宮為主要宮殿。此外，還有武帝禱祠神君的壽宮和武帝用事太一的竹宮，以及高光、長定、望仙、七里、增城諸宮，仙人（林光宮內）、石闕、封巒、鳷鵲、露寒、益延壽、迎風、儲胥、洪厓、弩陸、彷徨、天梯、瑤臺、走狗、白虎、溫德、相思諸觀。甘泉苑南，今淳化縣城附近，原來還有梨園和棠梨宮。漢武帝到此避暑、校獵，是在每年的五月到八月，和康熙、乾隆於承德避暑、木蘭秋獮情況相似，連時間都幾乎一樣，圍獵也主要是獵鹿。避暑期間，皇帝還在此處理政務（如受郡國上計），接受諸侯王朝覲，特別是處理藩務，宴饗外國賓客，派遣使節出塞。如張騫出使西域，就是從這裡出發。漢宣帝接受匈奴單于和蠻夷君長朝覲，也在此處。

第三，甘泉宮是漢代最重要的祭祀中心。西漢時期，官方舉行祭祀活動的場所是叫「祠畤」。祠和畤，混言無別，細分則有差異，祠是泛稱祭祀神鬼的場所（如武帝太祝所領的六祠：亳忌太一祠、亳忌三一祠、冥羊祠、馬行祠、甘泉太一祠和后土祠）。畤，則專指祭祀天地、五帝，即舉行郊祀的場所（如甘泉泰畤和雍五畤）。畤可稱祠（如甘泉泰畤也叫甘泉太一祠；后土祠屬於畤，卻以祠稱），但一般的祠卻從不稱畤。《史記．封禪書》和《漢書．郊祀志》記載的祠畤，都是國家註冊的宗教場所，民祠還不知道有多少。它們有點類似後世的寺廟。但漢代，祭祀祖先的場所多叫廟（如高廟、孝文廟、孝武廟），祭祀神鬼的場所多叫祠。當然，兩者也混用，如漢文帝的渭陽五帝廟，既不稱畤也不稱祠；武帝立后土祠前，高祖已立后土廟，唐宋以來也是把后土祠叫后土廟。武帝時期，其文治武功，也是藉助「廣修廟」，除致力於政治統一、學術統一，還強調宗教統一。武帝和武帝以後，王莽廢祠前，西漢祠畤有七百多個，其中最有名，是三大祠：甘泉泰畤、汾陰后土祠和雍五畤。甘泉泰畤是祭天中心，地位最高，就是設在甘泉宮。甘泉，在秦奪其地前，固有所謂「黃帝明廷」和「匈奴祭天處」，本來就是一個古老的祭祀中心。泰畤，有祭天圜丘，上為太一壇（紫壇），周環五帝壇和群神壇，有如後世的天壇（旁邊有紫殿），這是漢族最高的祭祀中心。此外，它還有六座象徵武帝懷柔政策的祠廟。三座是胡祠，徑路神祠是祭匈奴的刀劍之神；休屠祠應是休屠的神祠；金人祠是祭匈奴供奉的「祭天主」，神像是胡貌胡裝，用銅鑄造，也是虜自休屠。它們都是為胡人而設，既可撫綏遠在北方和住在當地的胡人，又可配合漢人自己的宗教信仰。漢族祭天，太一無象。匈奴祭天，則有金人。兩種信仰，和平共處，並存於甘泉，是一大奇特景觀。三座越祠，是由越巫用一種叫「雞卜」的巫術，在一種小臺上進行祠禳，當時叫「越巫䣞鄦祠」。前者是漢武帝北逐匈奴，借匈奴神祇懷柔匈奴。後者是漢武帝南征南越，借南越巫術懷柔南越。它們很像承德的外八廟。這些廟是當時的天下縮影，有點像現在的世界公園。

甘泉宮的祭天金人是在佛教傳入前就存在。佛教傳入後，曾被誤解為佛教造像。如敦煌莫高窟三二三窟北壁的初唐壁畫就是這樣畫，崔浩、張守節也有這種解釋。其實，這種金人是代表匈奴的天神，它與秦始皇銷天下之兵鑄造的十二金人是同一類造像，都叫翁仲，並不是佛像。前者是直接虜自匈奴，後者則是仿製品，原形還是匈奴的神像。這樣的神像被立於甘泉宮中，有如承德普寧寺的大菩薩（高達二十三公尺多），有強烈的象徵意義（誇張的說法，是一廟可抵百萬兵）。它們既是秦漢武功的象徵，也是秦漢懷柔的象徵。

三、餘論：中國早期的「五族共和」

動物兇猛，因為害怕。人類殘忍，源於恐懼。他們害怕敵人，子子孫孫，世代傳遞深仇大恨，早晚一天會復仇。

說到這個話題，和漢征匈奴有關，和休屠金人有關，有個故事值得提起。這就是休屠王太子金日磾的故事（見《漢書・霍光金日磾傳》）。

金日磾，「金」是紀念漢武帝虜獲休屠金人而賜以漢姓，「日磾」蓋原名之譯音，「翁叔」是漢代常用的名字，則與「翁仲」相配。他以父王不降見殺（初與昆邪王謀降漢，後悔，被昆邪王殺害），而與母閼氏、弟倫俱沒入官，輸黃門養馬。初入漢宮，只有十四歲，因為身材高大，相貌莊重，見後宮佳麗，目不斜視，樣子長得好，馬也養得好，深受武帝喜愛，先拜馬監，後遷駙馬都尉，隨侍武帝左右。武帝對他母親很好，母死，下令為她畫像，掛在甘泉宮中，署曰「休屠王閼氏」，日磾每見必拜，向之涕泣；他的兩個小孩，也是武帝身邊的弄兒。莽何羅刺武帝，日磾救過他的命，夙有忠孝之名。武帝死後，遺命封侯，不受，與霍光共同輔佐漢昭帝，地位極其顯赫，死葬茂陵，謚曰敬侯。我到茂陵參觀，見過他的墓。

我說這個故事，是因為我很好奇，古人為什麼常常用自己過去的敵人或敵人的後代做近侍或養馬？難道他們就不怕孫悟空（官封弼馬溫，就是養馬）大鬧天宮，勾踐（他也為夫差養馬）臥薪嚐膽，一洗會稽之恥嗎？看來，政治家是要有點胸襟和魄力的，就像人能馴服猛獸，豢養役使之。

古人有這個膽量，也有這個器量。

當今世界，是個充滿種族、宗教和意識形態衝突的混亂世界，虔誠有餘、寬容不足，已以衝突是其縮影。猶太教、基督教和伊斯蘭教，聖地都在耶路撒冷，一地難容三教。他們根本不能想像，甘泉宮是把漢胡之神擱在一塊兒。「和平共處五項原則」，在這個靠武力輸出一切的世界，聲音太小。它使我們不能不對歷史上的民族融合進行重新思考。

世界上的國家形態，一直有兩條路子。一種是部族紛爭，小國林立，長期分而不合，或只有鬆散的聯合，管理水準低下，難以形成強有力的權力中心。一種是大地域國家，政治權力高度集中，科層管理非常系統，疆域廣大，人口眾多。前者如希臘，後者如亞述、波斯和中國。由於取徑不同，政教關係也不同，造成兩種「大一統」：一種是有統一宗教，沒有統一國家，宗教管國家；一種是有統一國家，沒有統一宗教，國家管宗教。前者的典型是歐洲各國，後者的典型是中國。

兩種國家形態，兩種大一統，哪種更好，這裡不必談。很多問題，短期裡還看不清。我想說的是，中國在國家形態的研究上有什麼意義。

我們都知道，國家的產生是為了制止和控制人類的流血衝突。我們人類比任何動物都更愛自相殘殺，也更會自相殘殺。對這個物種來說，殺人是最高科學。不同種族、不同信仰的人，怎麼在同一片天空底下和平共處，這是一個難題，至今還困擾著人類。在數千年的世界文明史上，我們能看到的最普遍，最簡單，也最徹底的辦法，就是既消滅其肉體，也消滅其精神（主要就是剷除對方的信仰），挖對方祖墳，毀對方宗廟，滅對方社稷，斬草除根，不留後患。如亞述帝國和蒙古帝國，馬蹄所到，劍鋒所及，經常是血腥屠城。近代列強瓜分世界，也充滿野蠻殺戮，遺風被於今日。征服者為了獲取其可憐的安全感，他們覺得，殺死對方的所有居民（即使留下婦孺老弱，也只限於女性，所有男人，必須全部殺光，西周銅器銘文叫「無遺壽幼」），是太有必要了。為了防止意外，坑殺降卒，在古代也極為普遍。

這些都是笨辦法。

梁惠王問孟子，什麼樣的人才能統一天下，古代的聰明人孟子回答說，「不嗜殺人者能一之」，即不是殺人成癮樂此不疲的人才能統一天下。他的話，並不等於說，不殺人者才能統一天下。這樣的「好帝國主義」，從來沒有。秦皇漢武，唐宗宋祖，殺人。成吉思汗，康熙、乾隆，更殺。他們都靠殺人取天下，我們不能忘記。忘記這一條，少數民族不答應，周邊的國家也不答應。但光靠殺人不能統一天下，孟子的說法完全對。

還有一個聰明人，孔子說，「興滅國，繼絕世，舉逸民，天下之民歸心焉」（《論語・堯曰》）。「文革」批林批孔，這話批得最多，但是孔子思想中的閃光點。他的意思是說，最好的統

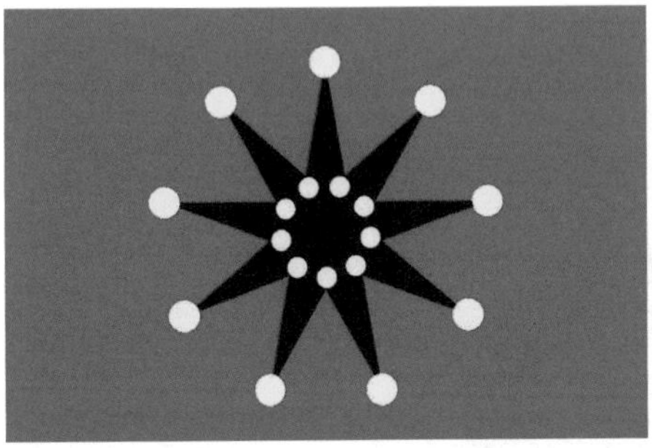
鐵血十八星旗（象徵九州十八省）

五色旗（象徵漢、滿、蒙、回、藏五族共和）

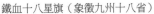

治辦法還是籠絡人心，得人心者得天下，失人心者失天下。人家的國家亡了，要想辦法把它重建起來；人家的國君死了，要把他血緣最近的遺屬找出來，讓他接續香火，保持該國的祭祀；人家的大臣和賢人躲起來，不敢露面或不肯露面，也要三顧茅廬，把他們請出來做事，共襄盛舉。

這樣的辦法，很好，但絕不像有些人以為，全是孔孟發明、儒家傳統。實際上，這樣的想法，孔孟之前就有，孔孟以後也沒斷。它們的真正發明者全是鐵腕政治家，發明物也不是道德，而是制度。如武王克商，把商紂斬首示眾，血淋淋，但下馬之始，即表商容之閭，封比干之墓，請商朝遺老出來做事。商王的後代，也授土授民，初封於殷，後封於宋。商的與國也各有分封。就連商的軍隊殷八師，也被周人全盤接收（雖然同時要移民設監，類似後世的「徙豪強」）。特別是周之「百姓」，傳出五帝，各有自己的祭祀系統，春秋戰國，散處各地，每個國家都不能一族獨大，必與他族共存，兼併各國，統一天下，就更離不開這條。因此，出現五帝並祭的局面（秦最早，也最突出）。

五帝並祭，就是中國最早的「五族共和」。

中國的大一統肇始於秦，但民族矛盾太激烈。制度統一較順利，思想統一（學術統一和宗教統一）不成功，專恃武力和法律，不足以

居庸關雲臺

收拾人心。漢代的辦法還是西周的辦法，恩威並重，軟硬兼施。但對外宣傳，還是強調一個「軟」字，《尚書》和西周銅器銘文叫「柔遠能邇」。對待前朝遺臣，越是名位尊顯，越是手下留情（殺小留大，是我們的傳統）。漢高祖取天下，不但為七國絕無後者尋找後代（包括秦始皇的後代），維持祭祀，還為造反失敗的陳涉置守塚，奉祭血食。漢武帝到處修祠立廟，幹什麼？就是為了整合天下的不同信仰。一國多教，很符合現代趨勢。

漢以後，中國的大一統，內部融合比較成功，但邊患無窮，始終頭疼。「蠻族入侵」，世界各國都抗不住，只有中國，胡漢之爭兩千年，各有勝負。中國的領土，就是借這種你來我往，我化你，你化我，而成就其大。單就領土而言，雙方各有貢獻，但「蠻族」的貢獻更突出。歷代版圖，蒙元最大，滿清次之，民國、唐、漢又次之，遑論其他。元代和清代，統治者都來自塞北，世界歷史上，除近代歐美列強，他們是

雲臺天王像　（陳新宇 攝）

雲臺《陀羅尼經咒》（梵、藏、八思巴、回鶻、西夏、漢六體）

最大征服者。有清一代，雖深受反清復明的革命黨人詆毀，包括章太炎和孫中山，但平心而論，他們能以少融多，把橫跨歐亞大陸的眾多國家和民族納於同一個國號之下，反客為主，確實有其獨到之處。邊疆政策，它是兩種「大一統」並用：漢族是以政統教（延續傳統），邊疆是以教統政（類似歐洲），遠比漢族成功。民元以來，孫中山倡「五族共和」，是繼承清朝。再向上追溯，則是元朝。這點對現代政治很有啟發。日本帝國主義推行「大東亞共榮圈」，就是模仿清朝和元朝，幸好未能如願。

蒙古族，在中國的邊疆地區，除蒙古本部，在青海、西藏、新疆，到處都留下了他們的深刻影響，居民也散居各地，青海、新疆和西藏，到處都有。清朝在統一政策上，最能認同的是元朝。他們的邊疆政策，首先就是整合蒙古各部，蒙平則回定（北疆定則南疆定），青海、西藏也迎刃而解。他們是從蒙古手下接收整個西北邊疆，然後借廣闊的西北邊疆，內控漢地，外紓列強包圍的外部壓力。

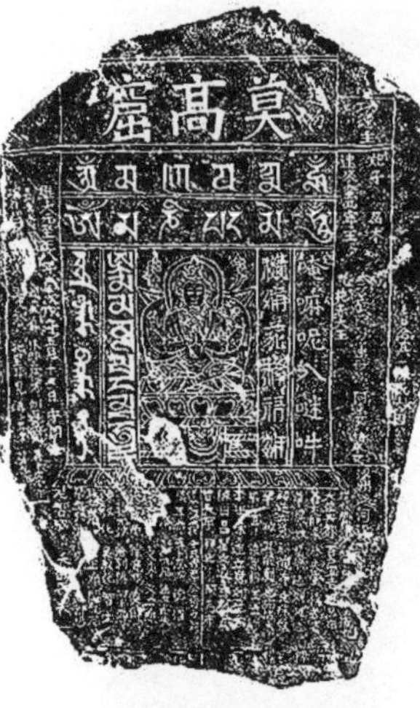

莫高窟《六字真言碑》（梵、藏、八思巴、回、西夏、漢六體）

元至元通寶（漢、八思巴、西夏、察合臺四體）

前些年，我到青海訪問，去過青海湖、日月山、達賴喇嘛故居和瞿曇寺，到處可見「五族共和」的痕跡。如青海湖邊有共和縣，共和縣裡有海神廟，雍正平定羅卜藏丹津之叛，在此與蒙、藏、漢、回會盟，改遙祭為近祭，就是五族共祭。廟中有碑，原題「當今皇帝萬歲萬萬歲」，民國改為「中華民國萬歲」，仍襲其禮。日月山，是唐朝與吐蕃會盟，分疆劃界的地方。如今，山南山北，還是兩幅景色：山南是遍地犛牛，山北是漢式村莊。日月山以北的居民，即使是藏民，也是漢語漢裝。達賴喇嘛的家，在平安縣紅崖子村，現在藏漢雜處，互相通婚，接待我們的人，達賴喇嘛的侄子，根本不會說藏語。瞿曇寺是喇嘛廟，也完全採用漢式。

北京居庸關，有個雲臺，券門內有《陀羅尼經咒》題刻，是用六種文字：漢、藏、西夏、梵、回和八思巴。它說明，蒙元才是「五族共和」的更早源頭。德國學者弗蘭克（Andre Gunder Frank）著《白銀資本》（*ReOrient: Global Economy in the Asian Age*），強調世界市場的形成，中國本來是老大。其實，講世界市場的形成，海路，是歐人開闢；陸路，是蒙元開闢。這才是世界市場的本來面目。

清朝認同元朝，良有以也。

二〇〇四年十一月二十二日寫於北京藍旗營寓所

（原載《花間一壺酒》，北京：同心出版社，二〇〇五年）

北京德勝門城樓

中國城市

中國古代文明是個城市、金屬、文字三大要素俱全的文明。這三大要素，年代最早，體系最完備，成就最突出，當屬城市。

中國的城市是從中國早期的農業定居點發展而來。新石器時代的考古發掘地點，畫在地圖上，密密麻麻，就是這些定居點。中國的城市，龍山時期，遍地開花；商周時期，初具規模；春秋戰國，形成體系；經過秦漢，大體定型。

秦漢以後的中國，城市的數量和規模沒有太大變化，以至後來的地方志，可以在同一個州縣下，歷述其沿革，一代一代排下來講。

中國的築城體系有八大特點，可以總結一下。

(1) 中國城市，城比市更突出

現代漢語的「城市」，見於古書，本來是個合成詞，「城」是城牆，「市」是市場。古人使用這個詞，總是把「城」放在前面，「市」放在後面，這很有意思。中國城市，傳統意義上的城市，宮殿也好，壇廟也好，市場也好，民居也好，所有建築都圍在城裡，「市」是圍在「城」裡。我們心目中的城市，從一開始就是指有城牆的城市。城牆，各國都有，但中國最突出。中國城市，不但外面有牆，裡面的坊巷也有牆，哪怕很小的城邑，甚至村鎮，都有牆。這和歐洲的傳統不一樣。歐洲各國的城市（city），多半指村（village）、鎮（town）以上，人口比較多、規模比較大的定居點。這種城市，除了國家首都（capital）、軍事要塞（fort）和貴族城堡（castle），不一定有牆。現代城市更是如此，往往一馬平川，拔地而起，有個樓群，樓群周圍沒有牆。它們的城市更強調「市」，和中國相反。

(2) 中國城市，軍事功能很突出

城市是個複雜的中心，既是經濟中心，也是政治中心，或宗教中心，各國的城市，差不多都是如此，但中國的城市，軍事功能很突出，這點不容忽略。中國，歷史上戰爭很多，內戰多，外戰也多，規模之大，死傷之眾，世界上罕有其匹，特別是農業民族和騎馬民族之間的戰爭，對中國影響尤大。城市是定居農業的發明，但不是農業民族單方面的發明。農業民族和騎馬民族是老鄰居。中國，自古以來，一直受到來自東北森林、蒙古草原、中亞腹地和青藏高原的威脅。中國文明是應對這種挑戰的產物。北方民族的入侵，一波接一波，有如洪水，也強化了這一發明。為此，秦漢帝國，因山為勢，塹河為防，修築了萬里長城，有如攔洪的堤壩。中華人民共和國的國歌說，「把我們的血肉築成我們新的長城」，長城確實是中國的象徵。歐洲也有長城，如羅馬帝國有對付北方蠻族的哈德良長城，波斯西北境也有對付中亞游牧民族的長城，但這些長城都不如中國宏偉。「高築牆」一直是我們的特點。

(3) 中國城市，自古就強調以中心統攝四方

中國古代的城市規劃，有一個理想化的模型，就是周代的王城。《尚書》的〈召誥〉、〈洛誥〉，還有今本《周禮》中的〈考工記〉，都講到這個城市。周公卜宅洛邑，是把它當作天下的中心。司馬遷說，「此天下之中，四方入貢道里均」（《史記・周本紀》）。我們使用的「中國」這

個詞，見於西周銅器何尊，原來就是這個意思。中國的城市，不同於歐洲傳統的自治城市，不是分散孤立、彼此平行的城市，而是分層設級、有統一的網絡。比如先秦時代的城市，有國、都、縣、邑四種。「國」是一個國家的首都，一個國家的中心（注意：當時「國」是首都，不是國家。漢代避諱，改「邦」為「國」，才把「國」當國家），「國」以下的次級城市，有「都」「縣」（「都」是大縣），「都」、「縣」以下還有各種大大小小的「邑」。它們層層相套，最後歸統於「中」。秦漢的郡縣，「趨中」的傾向更明顯。

廣漢雒城遺址出土城磚，銘文：雒官城墼

廣漢雒城遺址出土城磚，銘文：雒城

(4) 中國城市，多建於近水的平地

中國古代，營建城邑，選址很重要。中國早期城市，三代王都和後來的咸陽、長安、洛陽、開封，基本上都在北緯三十五度線上。《漢書．藝文志》的〈數術略〉有一門學問，叫「形法」，就和城市選址有關。班固說，這門學問的第一個特點，就是「大舉九州之勢以立城郭室舍形」。中國城市選址，非常講究環境。地理，川隨山轉，路傍川走，道路交匯處，往往會有城市。古人為城市選址，一定要依託山形水勢，並考慮人口、物產、交通等因素。《管子．乘馬》有段話非常有名。它說，「凡立國都，非于大山之下，必于廣川之上。高毋近旱而水用足，下毋近水而溝防省」。中

乾縣唐懿德太子墓闕樓圖

國城市一般都選在高山之下、廣川之上，這是個突出特點。雖然，中國的某些古城，因為位於黃土高原之上，只能利用地勢較高的平地築城，有所變通，但所謂通都大邑，一般都建在黃河流域的低平之地，很少像其他國家，把城修在山頭或山腰上。

(5) 中國城市，一般都是土城，但很早就包磚

古代城防，主要靠三類設施，第一是城牆，第二是城壕，第三是城樓。城門有門樓，四角有角樓，馬面有敵樓，都可用於守望。中國建築，一般是以石材作房基和臺階，而以木製的樑柱為框架，四面用夯土或磚、墼為牆體，而以斗拱承覆屋頂，上面鋪瓦。中國的築城方法，是屬於這一體系。中國古代的城牆多半是土牆。很多古城，還有斷壁殘垣存於地面，不仔細辨認，就像是曠野中的土壟。中國古代的城，很早就包磚。如北魏洛陽城的閶闔門就已經包磚。《水經注·濁漳水》講鄴城，說「其城東西七里，南北五里，飾表以磚」。還有唐代壁畫上的城，宋《武經總要前集》卷十二的《城制圖》，也都畫著包磚的城牆。

(6) 中國城市，一般都是方城

中國早期城市，五千年前到四千年前（個別可以早到六千年前），有些是圓形、橢圓形或不規則形，但三代以來卻日趨方正。中國城市設計，一直都把方城當作主流。古人理想的方城，都是坐北朝南，正方正位，四四方方。例如〈考工記〉描述的周王城，九經九緯十二門，就是反映這種理想。但早期古城，唯一接近這種設計的例子是曲阜魯故城。雖然實際上，中國早期城市，幾乎沒有一個可以完全符合這一標準，《管子·乘馬》說，「城郭不必中規矩，道路不必中準繩」，古人並不傻，他們會根據山形水勢和居住區的實際範圍調整其設計，該曲則曲，該直則直，但這種理想總是隱含其中。中國最後的皇城標本，明清時期的北京城，就是非常典型的例子。

(7) 中國城市，很高很大，自古已然

中國古代的城，文獻記載，天子之城（首都）方九里（〈考工記〉），大都方三里，中都方一又五分之四里，小都方一里（《左傳》隱公元年）。漢唐注疏，據以推論，說公之城方七里，侯伯之城方五里，子男之城方三里。方九里，是長寬各三千七百四十二·二公尺，最大；方一里是長寬各四百一十五·八公尺，最小。城牆高度，文獻記載，天子之城高九雉，諸侯之城高七雉，都城高五雉（〈考工記〉）。高九雉是二十·七九公尺。前人說，即使最矮的城，也沒有低過三雉以下的。高三雉是六·九三公尺。中國古城，早期（前三〇〇〇—前二〇〇〇年）已經比較大，很多都屬於方一里到方二里的大城。商周古城，像偃師商城、鄭州商城，則是方四里的大城。東周古城，一般都在方四里以上，大的可以超過方九里。如燕下都古城、齊臨淄城、楚紀南城和中山國的靈壽古城，就都超過這個數字。很多後繼的古城還不如這些古城大。鄭韓古城，現存地面高度仍有十六公尺，比明清北京城還要高出五公尺。

(8) 中國城市，人口多，也是自古已然

中國是農業古國，養育人口甚眾，雖經戰禍，死人無數，還是可以維持在幾千萬的水平線上。西漢平帝二年（公元二年），中國人口數字是五千九百五十九萬四千九百七十八人，將近六千萬人（《漢書·地理志》）。城，西漢晚期，縣、道、國、邑，全部加起來，有一千五百八十七個。當時的縣，一般只有一同大小。一同方百里，約合一千七百二十八·九平方公里。人口平均到縣，大縣在萬戶以上，小縣在萬戶以下，全國有七個四萬戶以上的大城，長安人口最多，可以達到二十四萬六千兩百人（《漢書·百官公卿表上》）。公元二年前，我們沒有可靠數字。但戰爭規模，可以提供參考。戰國，很多大國都擁有幾十萬軍隊，秦國軍隊，甚至有百萬之眾。很多大戰，殺傷是以

十萬為計。總體數字，估計與西漢差不了多少。

戰國時期，攻城是一件非常殘酷的事。《孫子．謀攻》說「十則圍之」。《墨子．備城門》也說，當時守城，敵人十萬，四面來攻，攻城隊形，最寬是五百步，四千人足以應之。其他三面，用不了多少人。投入兵力，大約有一萬人也就夠了，敵我比例正好是十比一。攻城是十倍於敵，守城是以一當十。

中國古代的軍事技術，技術含量最高，要屬攻城術和守城術。劉歆《七略》的〈兵書略〉著錄了四種兵書，攻城術和守城術屬於最後一種，古人叫「兵技巧」。此類兵書幾乎全部散亡，只有一部書保存下來，就是《墨子》的城守各篇。這是講守城的經典。

《墨子》城守各篇，給我們講了十二種攻城手段：

①臨，是一種可以移動的攻城車，形如塔樓，也叫「隆」。對付臨車，主要手段是連弩。

②鈎，是鈎車。鈎車，有帶長臂的鈎爪，可甩臂而揮之，用以砍砸城垣。《武經總要前集》有「搭天車」和「搭車」，就是這種車。鈎車和下面的沖類似，也是用來破壞城垣。

③沖，是一種用以破壞城垣和城門的撞城車。《武經總要前集》有「撞車」，車上有橫梁，懸掛撞木，就是這種車。撞城車，其他國家也有。如亞述宮殿的畫像石，上面就有這種車。

④梯，古代攻城的梯有三種：一種是像《武經總要前集》的「飛梯」，有梯無車；一種是像《武經總要前集》的「行天橋」和「杷車」，形狀類似飛機舷梯；一種是像《武經總要前集》的「雲梯」，也在車上搭梯，但不是上面那種斜梯，而是可以摺疊展開，比前者更利於延展的梯。

⑤堙，是一種貼著城牆修築，供士卒攀援城牆的斜坡，也叫「距堙」。古代城牆，下有護城河。攻城的第一步是填壕。「堙」字的本義，就是用土填塞。前面加個「距」字，大概是指

在填平的壕溝前面修築這種工事。攻城土坡，不光中國有，外國也有，如亞述國王辛納赫里布（Sennacherib）的宮殿畫像石，為我們描繪了公元前七〇一年亞述軍隊圍攻拉基什古城（Lachish）的戰鬥場面，上面就有攻城土坡。後來，考古學家發掘了這座古城，和圖中的描繪簡直一模一樣。它是貼著城牆，往上修斜坡。我們在戰國銅器的水陸攻戰圖上也看到過這種斜坡。

⑥水，是以水灌城。中國古代城市，選點多在道路交匯處，道路多傍川谷，川谷多依山陵，往往襟山而帶河，故以水灌城的事，史不絕書。如白起拔鄢，就是用水灌城。《三國演義》，也有關雲長水淹七軍的故事。古人對付水攻，手段分兩種：一種是在城中穿井鑿渠，泄水於內；一種是把船綁在一起，當水上的臨車和轒轀，運兵突圍，決城外河堤，泄水於外。

⑦穴，是「火」字之誤。《墨子·備火》已經失傳，今本《墨子》沒有〈備火〉，只有〈備穴〉，所謂「備穴」，其實是「備空洞」之誤。歷代攻城，水火是主要手段，火攻比水攻更重要，沒有火攻，不可思議。如《武經總要前集》講攻城和守城，就是把火攻、水攻放在一起講，《孫子》十三篇只有〈火攻〉，沒有〈水攻〉，把火攻看得比水攻更重要。《武經總要前集》講火攻，手段很多，除火禽、火獸、火炬、火箭、火毬，還有火砲。當時的砲是拋石器，攻城、守城，兩者都用，但守城比攻城用得更多。這種砲已經使用火藥，如書中有「火砲」、「火藥法」和「砲樓」。

⑧突，是從城牆的薄弱環節突破。對付突，主要靠突門。突門，是從裡面開口，並不挖透，必要時才挖透的門。《墨子·備突》提到突門的一個用法，即從突門放煙，用煙熏敵。具體辦法是，每個突門，皆設窯灶，備柴艾，候敵突破，打開突門，以塞門車塞之，點火鼓橐（橐是鼓風的皮囊），用煙熏之。《武經總要前集》有「塞門刀車」，就是塞門車。

⑨空洞，是用挖地洞和挖地道的辦法攻城。古代攻城，有一種辦法，是在城牆上挖洞，內用樑

柱支撐，以燃油澆灌樑柱，放火，柱折城崩，有如「爆破」。對付挖地道，主要辦法有兩種，一種是用眼睛看，即從高處往下看，看地上有什麼跡象；一種是用耳朵聽，即在城牆的內側挖井，把大陶甕扣在井內，讓人蹲在甕裡聽，聽敵人在什麼地方挖土，然後對著挖地道，用火燒，用煙熏，用水灌。這類攻城方法，是利用古代挖礦井的辦法。如《武經總要前集》講挖地道，就是採取坑道掘進的方法，有專門挖地道的「緒棚」車。

⑩蛾傅，是用密集的隊形，強行登城。「蛾傅」即《孫子．謀攻》的「蟻附」，蛾同蟻，傅通附。它是以螞蟻緣牆，比喻這種人海戰術。戰國銅器的水陸攻戰圖，上面就有蟻附的場面，蟻附的士兵是沿攻城土坡和借雲梯來攻城。對付蟻附，主要是靠行臨和矢石湯火。

⑪轒轀，是一種裝甲運兵車，用以填壕。東漢應劭說，轒轀是匈奴車（《漢書．揚雄傳》顏師古注引）。它的車廂是用皮革做成棚狀，前面封死，士兵是從後面鑽進去。《武經總要前集》有「轒轀車」，就是這種車。

⑫軒車，即古書中的「樓車」或「巢車」。它是一種車上豎杆，杆上懸屋，可自動升降的塔樓，有如懸空的樓閣或樹上的鳥巢。古代城防，制高點很重要，憑藉城樓，可以居高臨下。樓車和巢車，是反制措施。這類車，古人也叫「櫓」或「樓櫓」。《孫子．謀攻》提到的「櫓」就是這種「櫓」。《武經總要前集》的「望樓車」和「巢車」就是這類車。這種望樓，不僅有活動的，也有固定在地上的。

二〇一〇年二月二十一日寫於北京藍旗營寓所

（原載陳燮君主編《城市足跡館》，上海：上海文藝出版社，二〇一〇年）

禹貢學會舊址

地理也有思想史——讀《從混沌到秩序》

這是二〇一〇年中華書局出的新書，副標題是「中國上古地理思想史」。作者唐曉峰，是北京大學環境學院歷史地理中心的教授。

他是專門研究歷史地理的學者。

我和作者同庚，都是「鼠輩」，都在內蒙古插過隊，都學過考古，有共同經歷。我們早就認識，三十年前，我在考古所（中國社會科學院考古研究所）時就認識。他去美國前，我們一起考察過山西，他去美國後，經常在美國見，太熟。現在，我們在同一所學校，經常一起吃飯，一起聊天。地理學是我們經常談論的話題，思想史也是我們經常談論的話題。

考古和地理有緣，兩者都是「讀地書」，所謂「區系類型」，所謂「分國分域」，都離不開地理。這是我們共同的緣分。雖然我們都離開了考古，但地理是他的專業，我的愛好（業餘愛好）。我們一起編《九州》，一起到野外考察，彼此都知道想什麼。

當然，他是專家，我不是。他是作者，我是讀者。這裡說點讀後感。

地理是一門腳踏實地的學問，「不積蹞步，無以至千里」（《荀子・勸學》）。古人為了獲取地理知識，只能跋山涉水，一步一個腳印，一山一水，往起拼湊大地的全景。行走，今天仍然很重要，不是讀書、看地圖所能代替。可惜，六十歲後，我們的膝蓋壞了，爬山落下的毛病。研究地理，從地上看大地，一直湊到眼跟前兒看，固然很重要，但思辨推理、宏觀把握也絕對不可少。大地太大，我們太小，雖登臨絕頂，不足見其大。我們要想真正讀懂這篇「大地文章」，不能不藉助思想的翅膀、理論的眼光，讓想像高翔於大地之上，借腦力以濟目力之窮。

「地理」也有「思想史」嗎？此書有很好的回答。

《從混沌到秩序》，很多想法是醞釀於唐博士在美國寫成的博士論文（*From Dynastic Geography to Historical Geography*, Beijing, Commercial Press International, Ltd., 2000）。近十年來，他一直在琢磨，怎麼才能給「中國上古地理思想史」理出個頭緒。正如本書大標題所示，它的敘述對象是「從混沌到秩序」，敘述方式也是「從混沌到秩序」，開頭比較虛，一步步朝實裡講，從開闢神話，一直講到《漢書．地理志》。〈地理志〉是講「王朝地理學」，他要探索的是這以前的「地理思想史」。

我理解，它的緒論和十二章是分五部份，下面分別講一下。

一、緒論，主要講思想對地理的重要性，古人的大地觀，有古人自己的理解

現在，講政區地理和地名沿革，書很多，講中國地理學史，書也不少，但講中國地理思想史，書卻很少，特別是講上古部份，書更少。作者思補其闕，主要有感於二事。第一，中國近代學術的轉型，值得反省，幾乎所有學科都是照搬西方的學術範式，術語轉換，體系轉換，基本上是單向，我們只是強己就人，在中國材料中找西方概念，用中國材料注解西方概念，比如中國科技史，就是

這樣寫。作者跟我說，他想反過來想一下，看看能不能用中國自己的概念講中國自己的地理思想，然後再看西方的概念和體系有什麼不同，用香港中文大學劉笑敢教授的話，就是「反向格義」（氏著〈「反向格義」與中國哲學研究的困境——以老子之道的詮釋為例〉，《中國哲學與文化》第一輯，桂林：廣西師範大學出版社，二〇〇七年，一〇一三六頁）。第二，中國地理學被徹底西化，主要是取科學化，為此，我們引進了地球觀，經緯、海拔、等高線、大地測量、製圖學等等，這是鑿破鴻蒙，但傳統地理學的思考，凡不能用科學概念描述者，基本上都被拋棄，也實在可惜。作者留學美國七年，深知西方地理學非常重視思想，他覺得，傳統地理學中的地理觀念是個值得重新審視的對象。作者說，「地理知識」不等於「地理學」。「地理學」要叫「學」，還得有觀念和方法。古人的想法，最好還是用古人自己的概念來描述，不管它們如何不科學。比如古人常用的類比法，即「關聯思維」（Correlative Thinking），就是古代很流行的方法。他的書有一大堆舊概念，如禹跡、中國、天下、四方、五嶽、九州、四海、五服，這些詞都是反覆出現的關鍵詞，就是最能表達古代想法的詞，很多討論都是圍繞這類詞而展開。

二、第一至三章，是講中國地理思想的源頭，他是從中國的宇宙論入手

第一章講開闢神話，主要是盤古開天地、女媧補天。作者說，盤古開天地，從混沌創造秩序，這個故事最重要。古代講創世，多半是創而復毀，毀而復創，反反覆覆。女媧補天屬於救世，作者叫「二次創世」。我理解，中國神話學也是個值得反省的學科。茅盾也好，袁珂也好，聞一多也

李零和唐曉峰（右），攝於禹貢學會舊址門口

好，其實是模仿西方。盤古開天地是模仿《創世記》，伏羲、女媧是模仿亞當、夏娃，大禹治水，也和諾亞方舟的故事有可比性。其實，漢代講創世，更主流的說法是道論式的說法，即太一生三一，三一生三皇（天皇、地皇、人皇），三皇生九皇，最後是五帝、三王。這類說法，戰國已見端倪。如《老子》有「大」、「一」（表示「道」），《楚辭》有「東皇太一」，《周禮》有「三皇五帝」，對比郭店楚簡《太一生水》的宇宙發生學，無疑很古老。盤古開天地，只是民間故事，此說出自三國徐整的《三五曆記》，「三五」的意思是三皇五帝。此說出現比較晚，應屬旁支。共工怒觸不周山，也是一次大破壞，此書歸入「其他傳說」。我覺得，講地理，這個傳說最重要。中國是塊傾斜的大地，西北高、東南低，有三級臺階，河流主要是從西北向東南流，古人做了形象描述。作者引《列子．湯問》和《論衡．談天》，在三十五頁。它更早的出處是《淮南子．天文》。

第二章講英雄救世和聖人創世，主題是再造秩序，再造秩序是對災害而言，災害是秩序的破壞。「英雄救世」，指后羿射日、女媧補天、大禹治水，拯民於水火。「聖人創世」，指伏羲、神農、堯、舜、禹的發明。這裡的「英雄」是個西化的說法，來自希臘神話的翻譯。希臘神話的「英雄」都是神子，他們在地上鬥，背後站著神。中國的「英雄」，本來是另一個意思。這個詞，出自

《太公》，三國時期最流行，《三國演義》的「英雄」才是正解（指亂世英雄，曹操、劉備、孫權）。「聖人」，中國固有，本來是指天生聰明，絕頂聰明，因此可以當全國人民大救星的人。作者強調，災害是環境觀中的一個永恆主題，很對。災害有很多種，水災、旱災、風災、火災、地震、海嘯，今天仍困擾著人類。中國以農業立國，最最看重的是水旱之災（古人常把「災」、「異」放在一起講，所謂「災異」，不光指災害，還包括各種反常怪異，帶有神秘色彩），其他災害不太講。颱風、海嘯主要在東南沿海，火災主要在東北大森林，不在中原地區，中原王朝不上心；地震，危害大，古人無法預測，指不定多長時間在哪兒鬧一回。作者說的「英雄」，后羿、女媧怎麼叫，還可討論，但大禹，按古人的講法，肯定是聖人。聖人都是上古帝王。他們不光是救世主，也是各種器用的發明者。發明創造，古人叫「作」，《世本》佚篇有所謂〈作篇〉，就是講各種器用的發明。發明者都是上古帝王。作者引《繫辭》，其實就是講「作」。

第三章是講先秦諸子的宇宙論，特別是道家的宇宙論。儒家喜歡強調人，「仁」就是拿人當人，以人為本，以人為中心，天地被淡化。道家不一樣，強調人只是天地之間、萬物之首的一種創造物，天地之後還有自然，還有道。中國的宇宙論，主要和道家有關，很對。基督教把上帝看作造物主（Creator），把萬物和人看作上帝的創造物（creature）。中國不太一樣，太一或道，只是天地的本源，萬物和人是天地所生，它更強調，世界是個自然生化的過程。道家講道生天地，當然要講宇宙論和天人關係。儒家不大講（宋儒另當別論）。儒家得勢後，中國講什麼都是以人為中心。這是整個論述的出發點。

三、第四至七章，主要講空間概念的起源

第四章是從新石器時代的發現說起。此章與前面不同，已經走出上古神話和先秦諸子的哲學表達，進入歷史領域。話題是圍繞新石器時代考古遺址的空間分佈。新石器考古，是研究空間概念比較可靠也比較早的證據。這門學問，目標是什麼？公眾不了解，考古學家不知道該怎麼跟他們解釋。其實，它的主題是農業革命。發掘地點，密密麻麻，標在地圖上，就是反映早期農業定居點的空間分佈。城市的發生，就是以此為基礎。作者講新石器時代的六大區（蘇秉琦所分），講聚落—聚落群—中心聚落的衍生過程，講各著名遺址的佈局，講早期城市的誕生，講濮陽龍虎圖、良渚玉琮和含山玉版，是想告訴讀者，我們的祖先，從很早的時候起，就已經有中心、軸線和對稱、天圓地方、四方八位等觀念。最後，作者還強調，古代的「圖」與「數」是互相配合。

第五章講四個問題，一是神山，二是式盤，三是天圓地方，四是海洋。第一個問題，神山是崑崙山，五嶽也是神山。作者說，崑崙山是「天地之軸」。我理解，「天地之軸」，就是古人說的「極」。西人所謂「軸」（axis），是地球自轉的軸心，貫穿南極（South Pole）和北極（North Pole）。中國所謂「極」，是大地制高點，是山脈輻輳的中心，是「天欲墜，賴以拄其間」的撐天柱。崑崙山是神話的極，遠在西方；五嶽是現實的極，則在眼前。第二個問題，式盤代表的宇宙模式是蓋天說，天是圓的，地是方的，這種模式，古代最流行。第三個問題，作者說，「天圓地方，不是兩種形狀，是兩種秩序。一種秩序是圓，運轉、循環，另一種秩序是方，靜、穩、厚、定。在運轉與靜穩格局之間形成複雜關係，人生存在於靜穩的地上格局秩序中，但要聽從天命。在這個意義上，天是歷史，地是社會」。第四個問題，海在古代的作用，主要是隔絕，而不是聯繫。為此，作者用了一

個詞，叫「望洋興歎」。他強調，「在古代中國，不可能有海島文化領先陸地的事情，海洋絕不是進步的搖籃，海洋是世界的邊際」。古人想像的世界，大地是中心，四周是環海，他們所謂「海」，是指四顧茫茫看不見的地方。海，既是幻想，也是絕望，讓人覺得虛無縹緲。曹操有詩，「日月之行，若出其中；星漢燦爛，若出其裡」（〈步出夏門行〉），以星空比大海，最為得之。海洋也是一種極，代表四方之極。一條線，中心是極，兩端也是極。一個方塊一個圓，中心是極，邊緣也是極。

第六章講分野，講天與地的對應關係。古人講分野，是以地上的山川州郡對應天上的十二次、二十八宿。這種套合，雖然有很多牽強之處，但想法很聰明，有古人的智慧。我們站在地上看大地，看不遠，但天卻視野開闊。古人想以天地一體的坐標系來為大地定點，和現代的大地測量與全球定位系統（Global Positioning System, GPS）在思路上相通。這種思考的代表作，是唐一行的「天下山河兩戒說」。他把中國的山脈和水系分為南北兩大區，就是模仿以雲漢分群星的古代星圖。上面講，海天茫茫，最能惹人遐思，觀星和航海，關係很有緣。《漢書．藝文志．數術略》的天文類，有五種書講「海中星」的占驗，就和航海有關。

第七章講絕地天通，「絕地天通」是個神話。這個神話講什麼，學者有不同解釋。我理解，它是講職官起源，天官和地官的分化。作者重提這個故事，是想強調，天文歸天文，地理歸地理，地理才能獨立。天文地理不分，過去也是個混沌。《淮南子》雖以〈天文〉、〈墬形〉並列，但《史記》八書，只有〈天官書〉，沒有〈地理書〉。《漢書》雖有〈地理志〉，但它的〈藝文志〉，沒有專門的地理類。作者對《山經》和《禹貢》做比較，很重要。這是中國地理的兩大經典。《禹貢》是《尚書》中的一篇，屬於儒經，地位比較高，《漢書．地理志》就是祖述《禹貢》。司馬遷講九州山川，只敢用《禹貢》，不敢用《山海經》。《山經》在《山海經》中，其書閎誕迂誇，難以歸類。《漢書．藝文志》把它列入〈數術略〉形法類，當作講相術的書。《隋志》把它列入史部地理類，始歸地理。但《四庫》鄙之，改入小說類，不承認它是地理書。近代更有意思，乾脆拿它當神話寶庫，越虛無縹緲，越興趣盎然，《海經》比《山經》更吃香。我理解，此書不光講山，還集本草、博物、志怪於一身，應與尋仙訪藥的活動有關，其實是神仙家的地理書。它描述的山，都是遠離人世的山（有如道教的洞天福地）。作者說，《山經》是講「神人之際」或「天人之際」，《禹貢》是講「人人之際」，這是基本不同。講地理，山水是兩大要素，《禹貢》主水，《山經》主山，各主一路，但不可能光講哪一種。《山經》和《禹貢》，條塊切割不一樣。《山經》用五分法，按四方加中央講，這是講山的傳統。後來的五嶽五鎮都這麼講。《禹貢》用九分法，九山、九河、九州，都是用九這個數，也是老傳統，後來的郡國志，都是祖述《禹貢》。山有山脈，水有水系，《禹貢》講「導山」、「導水」，也很重要。後世講水，有《水經注》，是以江、淮、河、濟等大河（古人叫「四瀆」）串聯沿途的小河，自西向東、自北向南，一路講下來，這也是祖述《禹貢》。

第七章的結尾，提到一個老問題，值得討論。

徐旭生說，中國神話比較平淡，不如希臘神話幻想力強，非常神奇。這引出一種截然相反的評價。一種看法是，西方人說，「上帝歸上帝，凱撒歸凱撒」，他們把天、地或天、人分為兩界，此岸是此岸，彼岸是彼岸，截然不同。他們是天人分裂，我們是天人合一。宋儒講天人合一，新儒家也講，這是儒學宗教化的說法。一百八十二頁腳注所引葛兆光的看法就屬這一類。還有一種看法，正好相反，比如我。我是把「絕地天通」當天人分裂。我認為，歐洲和中國都有兩界劃分，這不是區別所在。真正區別是什麼？是他們比我們更強調宗教，我們比他們更強調世俗。他們講兩界，強調的是天人溝通。天人溝通就是天人合一。政教合一就是它的實際體現。中國不一樣，正好相反，政教是分開的。天人合一，人神交流，是大眾和僧侶的事，政府以外的事。政府，官僚士大夫的世界，完全是世俗世界。中國的國家，是以人為中心，只管人，不管天。天人合一只是局部，天人分裂才是整體。作者講地理觀念的轉變，大趨勢正是朝這種特點走。

四、第八至十一章，是講三代的領土意識。作者不講夏，直接從商代講起

第八章講商代，主要是利用甲骨文，講商代的政治空間秩序。重點是兩個概念，一是四方加中心，中心是大邑商，外面是四方（包括四土、四戈、四方）；二是內外服，內服是商人直接控制的王畿，外服是王畿以外借職貢朝服間接控制的地區。內服和外服再分，還有很多層，古人習慣以同心方，大方套小方，表示其層次。作者說，商人已知求地中，這點很重要。最近，清華楚簡〈保訓〉篇就提到「求地中」。商代疆域有多大，中國學者說很大，西方學者說很小（其最極端的看法，是把商看作小城邦，叫「安陽文化」），關鍵在於，我們該如何評價其內外服。其實，古人所謂疆域是個複雜概念。商代的核心區包括兩個地區，一是今河南北部黃河故道以北的地區（古人叫河內），二是河北南部太行滏口陘以東的地區（秦代的邯鄲郡），沒問題。但外部有多大，要看它和周邊地區的關係。這是個多少帶有彈性的概念。

第九章講「禹跡」。「禹跡」就是後人說的「華」、「夏」或「華夏」。此說託名於禹，古人認為與夏代有關，但作者放在西周講，算是西周概念。理由見第十一章。作者說，西周的人文地理概念，如中國、禹跡、九州、五服、九服、五嶽、四瀆，包括區域、景觀、符號等多重含義。三代

異姓而王，全都認同「禹跡」，東周各國也無不如此，這是文化認同。東亞文明，騎馬的和不騎馬的，很多族源不同的族會融合，相同的族會分化，司馬遷說，「子孫或在中國，或在夷狄」（《史記．秦本紀》等）。作者說，「華夷之限不是政治界限，更不是國界，也不是種族界限，而只是文化界限」，很對。中國傳統，一直這麼講。古人講文化認同，強調詩書、禮樂、冠帶，比較虛。其實，華夷之辨，生活方式更重要。我理解，華夏食於農，住在宜於農耕的地區，夷狄食於牧，住在宜於畜牧的地區，才有「內華夏而外夷狄」的格局。華夏本身，「禹跡」作為區域概念，就是九州。作者討論九州，用兩類材料，一類是傳世文獻，《禹貢》、《呂氏春秋．有始覽》、《周禮．職方》；一類是出土材料，上博楚簡《容成氏》。這些文本不一樣，非常合理。因為它們都是草圖，真正的大一統還在夢中。講《禹貢》，往上追，固然重要，但更重要的是，《禹貢》所述的地理空間，範圍很大，大禹走過的地方和秦始皇走過的地方幾乎一樣大，對戰國文獻的作者來說，這是超前的想像。因為當時的「天下」還是四分五裂。大家幻想有這樣的天下，後來就有了這樣的天下。這個夢，從西周大一統到秦漢大一統是個千年夢想。

第十章講「體國經野」，這話出自《周禮》。這一章，主要是據《周禮》講周代地域管理的總原則，如國野制度、提封制度等等。春秋戰國，禮壞樂崩，也放在這裡講，其實是兼賅兩周。《周禮》講地理，是直接講制度，不再講故事。這是它和《禹貢》不同的地方。中國大一統，真正的大一統，當然是秦代的郡縣制。但漢儒所謂「大一統」，本來卻是指西周的封建制。「大一統」這個詞，出自《公羊傳》隱公元年。戰國時期，諸子講「大一統」，是有感於西周「大一統」的破壞，希望創造新秩序。我理解，這才是《周禮》的歷史背景。它是個過渡，既是緬懷，也是期待。期待有人能再造「大一統」。後來有人造了，這人就是赫赫有名的秦始皇。誰也想不到，新的「大一統」，不但不是回到西周「大一統」，還是以消滅這個「大一統」為代價。

第十一章講《禹貢》。作者強調，「《禹貢》被古人尊為地理之學的不祧之祖，是後世地理文本中反覆引用的元典」，絕對重要。所以前面講過，這裡又專門講。第一，從環境考古分析大禹治水的歷史背景，提出「水退人進」的推測；第二，根據保利博物館收藏的𤼈公盨重新討論《禹貢》的成書年代，指出《禹貢》是從西周中期到春秋戰國層累形成的文本；第三，指出《禹貢》為後來的秦漢一統提供了藍圖，它所倡導的空間秩序，如九州格局、五服等級、分區定位、中央之尊、向心結構等，都是後世地理學的基本原則；第四，指出《禹貢》雖短，卻為後世地理學提供了闡發、考辨的廣闊空間，歷代講治水、講山川、講區劃、講地圖，無不奉《禹貢》為圭臬。

五、第十二章，是全書的最後一章，作者叫「王朝地理之學」

這一章是講秦以來的地理觀念，秦帝國是以郡縣制代替封建制，編戶齊民，第一次真正實現海內大一統的國家。作者說，從此「天下觀」變成「王朝觀」。他說的「天下觀」是指秦以前的地理觀念，「王朝觀」是指秦以來的地理觀念。他是拿《禹貢》當前者的標本，《漢書·地理志》當後者的標本，以〈地理志〉為上古地理思想史的終結。王朝地理學，特點是什麼？作者強調四點：一是以郡縣制為框架，強調政區史（包括土地史和人口史）；二是納地理於歷史，強調歷史地理，而不是自然地理；三是以華夏為中心，不再講四夷，要講也是另外立傳；四是重視水利，對水利的重視超過水文。我理解，這四點，第一點最重要，後世地理書，主要是這一種。地理書，後世算史書，這事比較晚。《漢書．藝文志》沒有史書類。史部是從有了四部分類法才有，四部分類法是從《晉中經簿》才出現。地理自成一類更晚。《隋書．經籍志》，史部分十三類，地理是第十一類。《隋志》是本梁阮孝緒《七錄》。《七錄》，史部叫「紀傳錄」，分十二部，其第十部叫「土地部」，就是地理類的前身。研究藝術史，漢唐之間有很多空白，巫鴻有感於此，曾組織中外學者展開討論。地理學，漢唐之間是關鍵期，鈎沉索隱，同樣有很多工作可做。當時，中國分裂，地理學反而大發展，是非常有趣的現象。最後，作者還強調了〈地理志〉的樣板作用，說《水經注》也好，汗牛充棟的地方志也好，都是以它為榜樣。

研究地理，有四大經典，《禹貢》、《山經》、《漢書．地理志》、《水經注》。《禹貢》、《山經》、《水經注》詳於山川，《漢書．地理志》詳於政區，是兩大類型。《從混沌到秩序》講思想，和兩者都有關。作者講「中國上古地理思想史」，重點是《禹貢》，不是《山經》。《漢書．地理志》只是個尾巴，已經出了上古的範圍，《水經注》更不用說，也在討論範圍之外。作者讀原典，利用了很多古文獻材料，考古材料、古文字材料（甲骨、金文和簡帛）和海外的地理學名著，也穿插於各個章節，材料很豐富，討論很深入。

作者的敘述方式，是用「混沌—秩序」作核心概念和貫穿全書的主線，略分早晚，講地理觀念的演變，從天人不分到天人分到以人為中心。每個章節都是圍繞這個主旋律，反覆變奏。因此，同一文本，可能被反覆切割，造成細碎感。思想的脈絡很清晰，但每個章節，線頭比較多，重複比較多，我想，每個章節，如果能進一步梳理，效果會更好。

這是我的希望。

二〇一〇年三月二日寫於北京藍旗營寓所

（原載《中華讀書報》二〇一〇年三月三十一日第九版）

毛澤東（八路軍太行紀念館雕塑）

革命筆記——從中國地理看中國革命

這裡，我要講的革命是一九一一至一九四九年的中國革命。予生也晚，兩歲以前沒記憶。這三十八年，我只能從書本上學和聽父輩們講。

一、救國地理學和革命地理學

中國史學，非常看重地理，過去叫史地之學。顧祖禹《讀史方輿紀要》、顧炎武《天下郡國利病書》、魏源《海國圖志》，都可反映這個傳統。地理在中國是經世之學。

毛澤東是當代革命家，也是著名軍事家。兵家都很重視地理。他曾在廣州農民運動講習所講地理，唐曉峰做過介紹。

唐曉峰發明兩個詞，一個是「救國地理學」，一個是「革命地理學」。[82]

我這篇筆記就是講這兩個學。

二、革命五色譜

中國所謂「革命」，本來是改朝換代的另一種說法，歷時幾千年。西人所謂「革命」是近四五百年的事，含義大不一樣。年代較早，有尼德蘭革命（一五六六—一六〇九年）、英國革命（一六四〇—一六八八年）、美國革命（一七五四—一七八九年）、法國革命（一七八九—一七九九年）和德國革命（一八四八年）。這五百年的革命，衝擊王權，衝擊教權，目的是解放資產階級，通常叫「資產階級革命」。一八七一年的巴黎公社是二十世紀左翼運動（無政府主義、社會主義和共產主義運動）的先聲。近百年，世界上有另一種革命，社會主義革命和民族解放運動。第一次世界大戰引發俄國革命（一九一七年），第二次世界大戰成就中國革命（一九一一—一九四九年）。

地緣政治引發戰爭，戰爭改變地緣關係。到目前為止，任何革命都是在地緣政治的格局下進行。

尼德蘭革命是第一場現代意義上的革命，革命的目標是民族獨立。

美國立國靠兩場戰爭：獨立戰爭（一七七五—一七八三年）和南北戰爭（一八六一—一八六五年）。前者謀民族獨立，後者謀國家統一（包括廢奴）。

獨立和統一，對絕大多數國家，是革命的首要問題，特別是四分五裂被人奴役的國家。很多國家，革命都不止一次。

---

82 唐曉峰《人文地理隨筆》，北京：生活·讀書·新知三聯書店，二〇〇五年，一五五—一五七頁和二八七—二九五頁。

俄國革命分兩次，二月革命（一九一七年三月）和十月革命（一九一七年十一月），先唱《馬賽曲》（法國革命的遺產），後唱《國際歌》（巴黎公社運動的遺產）。

伊朗革命，既有紅色革命（一九二〇—一九二一年的波斯社會主義蘇維埃共和國），也有白色革命（一九六三年巴勒維國王的世俗革命和西化革命），還有黑色革命（一九七九年何梅尼的伊斯蘭革命）。

現在，俄國已「告別革命」，中國已「告別革命」，但美國和北約一刻不消停，正起勁地搞「顏色革命」。「革命」已經成了顛覆的別名。

「赤橙黃綠青藍紫，誰持彩練當空舞？」（毛澤東〈菩薩蠻．大柏地〉）彩虹是雨後的光學現象，每一滴水都折射太陽。

二、中國革命

中國只有白色革命、紅色革命，沒有黑色革命。中國的兩場革命，是由兩個現代政黨領導，一先一後，互為經緯，交織進行，從一九一一年到一九四九年，前後三十八年。

（一）白色革命：國民黨領導的中國革命（一九一一—一九四九年）

1. 孫中山推翻帝制、走向共和（一九一一—一九二五年）。
2. 蔣介石的北伐戰爭（一九二六—一九二八年）。
3. 蔣介石的剿共戰爭（一九二七—一九三七年）。

4. 抗日戰爭（一九三七—一九四五年）。

5. 國共內戰（一九四五—一九四九年）。

（二）紅色革命：共產黨領導的中國革命（一九二一—一九四九年）

1. 共產黨成立（一九二一—一九二四年）。
2. 第一次國內革命戰爭或大革命（一九二四—一九二七年）。
3. 第二次國內革命戰爭或土地戰爭（一九二七—一九三七年）。
4. 抗日戰爭（一九三七—一九四五年）。
5. 第三次國內革命戰爭或解放戰爭（一九四五—一九四九年）。

四、歐亞地理太極圖

世界五大洲，歐亞大陸得天獨厚，地理條件最好，氣候條件最好，黍稷稻麥菽，馬牛羊雞犬豕，什麼馴化資源都有。人類學家說，它的動植物配方最合理，便於農牧相長，橫長豎短，也有利文化傳播。

這片大陸，最大國家是俄國，其次是中國。

俄國橫跨歐亞大陸，西邊挨著歐洲，南邊挨著黑海、裏海、中亞和中國的新疆、蒙古（外蒙古於一九一一年獨立）、東北。

中國，北鄰俄國，西鄰中亞，南鄰印度次大陸和印度支那各國，東鄰朝鮮半島。

這片大陸的兩端各有一個島國，左邊是英國，躲在歐洲大陸的西邊；右邊是日本，就在俄國、中國的家門口。

傳統戰爭是大陸型戰爭。歷史上反覆襲擾歐亞大陸，主要是畜牧人（herdsman）或游牧人（nomads）。他們主要分佈在橫穿北非、西亞的一條乾旱帶（arid belt）上。這條乾旱帶很長，西起撒哈拉沙漠，東穿阿拉伯半島和伊朗高原，從阿富汗北上，經中亞五國，最後折向中國的大西北：新疆、青藏高原和蒙古高原。所有最重要的農業文明都是傍著這條乾旱帶向四外擴展。

這是歐亞地理的太極圖，我叫「陰陽割昏曉」。

歷史上的絲綢之路，陸路沿這條線，從中國出發，經中亞和阿富汗，分岔，一條路往伊朗拐，從呼羅珊大道（Khorasan-Highway），去小亞細亞，打伊朗北邊過；一條路南下印度（今巴基斯坦和印度），連接南亞各國。海路則走南中國海、孟加拉灣、印度洋、阿拉伯海和波斯灣，打伊朗南邊過。

歷史規律：種地的打不過騎馬的，掙吃喝的不如搶吃喝的（或販吃喝的），就跟虎狼和牛羊的關係差不多。它們的關係是共生關係，誰都離不開誰。

五、海洋包圍大陸

中國叫中國，自以為處天下之中，「九天閶闔開宮殿，萬國衣冠拜冕旒」（王維〈和賈舍人早朝大明宮之作〉）。其實中國是被四大邊疆包圍，歷史上，威脅主要來自中國的東北、北方和西部，來自歐亞草原和歐亞大陸的腹地。

現代戰爭不一樣，它是以海洋包圍大陸為特點。

海洋國家，從古典時代的希臘、羅馬，到中世紀的維京人，到近現代的殖民國家，如荷蘭、西班牙、葡萄牙、英國、法國（主要是西歐國家），無不以劫掠和貿易為特點。這些征服者跟草原上的征服者有共同點，不同點是，他們是仰賴舟楫，靠船堅砲利，從海上征服世界。對大陸而言，它們本來是邊緣的邊緣。但大航海時代來臨，邊緣反而有優勢，越在中間越危險。騎馬的又打不過航海的。

十九世紀以來，歐洲兵連禍結，表面是法俄爭霸或德俄爭霸，其實是英俄爭霸。俄國的鄰居，前邊是東歐，後邊是德國和法國，英國躲在歐洲大陸西邊。誰都拿鄰國當擋箭牌。

俄國的最大敵人，西邊是英國，東邊是日本。英國的背後，日本的背後，地球的另一邊兒，還躲著一個國家，這就是現在的老大，美國。美國躲在所有國家背後。

晚清，四裔之學備受重視，一是西北史地，二是南海史地。兩邊的形勢都咄咄逼人。

現在，俄國的核心地區在歐亞大陸中間，它是雙頭鷹，一頭朝亞洲，一頭朝歐洲，左顧右盼。美國操縱北約東擴，從西邊包抄，日本為美國重返亞太當馬前卒，從東邊包抄，它是長期被包圍。中國遮在俄國前面，也是圍剿對象。這是當今世界的「一個中心，兩個基本點」。美國佈置的C形包圍圈，還包括一個包抄點：澳大利亞。北非西亞，歐洲的老鄰居，夾在歐亞之間，也是世界最敏感的地區。

一九五〇年十月二十七日，毛澤東在中南海接見王季範和周世釗，提到「美國三把刀」，一把從朝鮮（北韓），插中國頭上；一把從台灣，插中國腰上；一把從越南，插中國腳上。83
海洋包圍大陸，改變了中國歷史的重心，但陸權和海權的鬥爭並未結束。

六、虎視鷹瞵

中國的第一次開放是被迫開放，客是不請自來，門是被人砸開。

（一）門戶開放

中國開放最早是東南沿海。第一次鴉片戰爭（一八四〇—一八四二年）後，香港被割讓給英國成為殖民地（一八四二年）。一八四三年，五口通商。五個通商口岸，廣州、廈門、福州、寧波、上海，全部在長江以南。一八九八年廣州灣（今湛江市）成為法國租借地，時在中日甲午戰爭（一八九四—一八九五年）後，也在長江以南。英法的利益主要在長江以南。

長江一線，除上邊提到的上海，鎮江、南京、九江、漢口、長沙、重慶也相繼開埠。鎮江、九江、漢口開埠最早（一八六一年），在第二次鴉片戰爭（一八五六—一八六〇年）後，重慶開埠比它們晚一點兒（一八九〇年）。南京開埠（一八九九年），長沙開埠（一九〇四年），年代更晚，在甲午戰爭後。

中國沿海城市，旅大（旅順口和大連灣）、秦皇島、天津、登州（今蓬萊市）、威海衛（今威海市）、膠州灣在北方。它們，只有天津開埠早（一八六〇年），在第二次鴉片戰爭後，其他多在甲午戰爭後。一八九七年，旅大被俄國強租，青島被德國強租。一八九八年，威海衛被英國強租。

秦皇島開埠也在一八九八年。

列強看重的是沿海沿江，第一是珠三角，第二是長三角，第三是天津。珠三角是西人登陸中國的第一站，長三角是長江入海口，天津是北京的門戶。一九〇〇年以前，中國的沿海沿江基本上全部開放。[84]

（二）列強的勢力範圍

一九〇〇年攻佔北京的八國聯軍是德、奧、義、英、法、美、日、俄八國。第一次世界大戰後，奧地利衰落。現在的八大工業國組織（Group of Eight, G8），除加拿大代替奧地利，還是這批國家（二〇一四年三月，因烏克蘭事件，八大工業國組織凍結俄羅斯會籍）。

俄國：勢力範圍主要在中國的東北、蒙古和新疆。中國四大邊疆，有三大邊疆與俄國接壤，大片領土被沙俄侵佔。東北，黑龍江以北、外興安嶺以南，清朝就丟了，面積約一百萬平方公里。

---

83 原話是「毛澤東說：朝鮮局勢日趨緊張，這段時間我們為了討論這個問題，有很多天是睡不著覺的。但是，今天我們可以高枕而臥了，因為我們的志願軍已經出國了。他說：我們急切需要和平建設，如果要我寫出和平建設的理由，可以寫有百條千條，但這百條千條的理由不能抵住六個大字，就是『不能置之不理』。現在美帝的侵略矛頭直指中國的東北，假如它真的把朝鮮搞垮了，縱不過鴨綠江，我們的東北也時常在它的威脅中過日子，要進行和平建設也有困難。所以，我們對朝鮮問題，如果置之不理，美帝必然得寸進尺，走日本侵略中國的老路，甚至比日本搞得更凶，它要把三把尖刀插在我們的身上。從朝鮮一把刀插在我們的頭上，從臺灣一把刀插在我們的腰上，把越南一把刀插在我們的腳上。天下有變，它就從三個方面向我們進攻，那我們就被動了。我們抗美援朝就是不許它的如意算盤得逞，『打得一拳開，免得百拳來。』」見中共中央文獻研究室編《毛澤東年譜（一九四九—一九七六）》，北京：中央文獻出版社，二〇一三年，第一卷，二三〇頁。

84 一九八四年，中國再次改革開放，首先開放的還是這批城市。

一八九六年，沙俄修中東鐵路，[85]控制整個東三省。一八九七年，沙俄強租旅大。蒙古，一九一一年，在沙俄策動下，外蒙古趁辛亥革命獨立。[86]一九二四年，受蘇聯支持，蒙古人民共和國成立，面積約一百七十萬平方公里。新疆，沙俄根據不平等條約劃界，也劃走了約四十四萬平方公里。一九一七年，十月革命後，蘇聯宣佈廢除中俄簽訂的所有不平等條約，但當時的地緣格局使這一切無法實行，蘇聯的安全戰略和外交政策不能不順應帝國主義的遊戲規則。[87]

德國：勢力範圍主要在山東。一八九七年，德國遠東艦隊，藉口鉅野教案，強佔膠州灣。

日本：不斷蠶食中國。第一步，侵佔琉球，以琉球為跳板，向台灣、福建擴張（一八七九年）。第二步，通過甲午戰爭，迫使朝鮮脫離中國，中國割讓台灣、澎湖和遼東給日本（一八九五年）。[88]第三步，通過日俄戰爭（一九〇四—一九〇五年），正式佔領朝鮮和遼東，從俄國手中奪取中東鐵路南下支線的長春—旅順段（即後來的南滿鐵路）和旅順口，與俄國瓜分東北（一九〇五年）。第四步，取代德國，侵佔膠州灣，向山東和江浙擴張（一九一四年）。第五步，通過「九一八」事變（一九三一年九月十八日），侵佔整個東北（一九三一—一九三二年）。第六步，通過盧溝橋事變（一九三七年七月七日），發動全面侵華戰爭，佔領中國的東半（一九三七—一九四五年）。

英國：勢力範圍主要在東南沿海和長江流域。英國佔有印度、阿富汗、緬甸，在中國西部與俄國爭霸，對中國西南垂涎欲滴。英國兩次入侵西藏，一次是一八八四至一八八八年，一次是一九〇三至一九〇四年。他們一直盤算的是，如何讓西藏脫離中國，與印度連片，納入英聯邦。

法國：勢力範圍主要在廣東、廣西、雲南。中法戰爭（一八八三—一八八五年）後，越南脫離中國。一八八七年，法國佔有越南、寮國、柬埔寨，成立法屬印度支那聯邦，[89]因此對兩廣、雲南最感興趣。

美國：遲來後到，主張門戶開放、利益均沾（一八九九年）。他們的切入點是辦學校、辦醫院。早期洋務是從通航、通郵、修鐵路、開洋行、辦工廠、買洋槍洋砲開始。

七、瓜剖豆分

歐洲傳統是小國寡民的自治傳統，主分不主合，以為合必專制，分才自由，一向看不慣東方大國，以為大國一定要分，即便合，也只能是自治基礎上的聯邦。他們的「現代國家」是這種概念，推己及人，認為所有國家都得符合這一標準。

中國是個大蛋糕。列強認為，蛋糕這麼大，誰也不可能一口吞下，最好分坐一圈，一口一口，切開來吃。當時的歐洲漫畫，他們自己就這麼畫。西方在中國推行民主，好雞為什麼不下好蛋？原因是，民主在所有落後國家都是一味虎狼之藥，實際含義就倆字：解體。

---

85 中東鐵路（「中國東方鐵路」的簡稱）是西伯利亞鐵路穿越中國段，西起滿洲里，中經哈爾濱，東至綏芬河，現在叫長春鐵路。哈爾濱至大連的支線，現在叫哈大線。西伯利亞鐵路是橫貫俄國全境的生命線，西起莫斯科，東至海參崴（今符拉迪沃斯托克）。

86 清朝分蒙古為三：八旗蒙古、內屬蒙古和外藩蒙古。外藩蒙古分內札薩克蒙古和外札薩克蒙古。內蒙古即內札薩克蒙古，外蒙古即外札薩克蒙古。

87 一九四四年，在蘇聯策動下，新疆發生脫離國民黨統治的三區革命。一九四五年，雅爾塔協議把日本的北方四島劃歸蘇聯。在該協議的壓力下，國民政府正式承認外蒙古獨立。

88 《馬關條約》規定，中國割臺灣、澎湖和遼東於日本，後因俄、法、德三國干涉，日本暫時歸還遼東於中國。

89 英法瓜分印度支那，緬甸歸英，越南、柬埔寨、寮國歸法，泰國為中間地帶。

清室遜位，中國陷入四分五裂，由北洋軍閥割據中國。北洋三系：皖系（段祺瑞）、直系（馮國璋、曹錕、吳佩孚、孫傳芳）、奉系（張作霖）。一九二〇年七月，直皖戰爭後，皖系衰落，剩三大軍閥：

1. 吳佩孚（直系），佔河北、河南、湖北、湖南。
2. 孫傳芳（直系），佔江蘇、浙江、福建、安徽、江西。
3. 張作霖（奉系），佔東北、山東。

民初，中國學美國，紛言「聯省自治」。「聯省自治」等於軍閥割據，首先提出者是梁啟超。

現代民主：政客代表政黨，政黨代表利益。選舉是選利益集團。中國的利益集團是中國解體的產物，誰能當選，關鍵不在中國老百姓，而在操縱中國政局的西方列強。

八、革命起於南方

清代末年，中國的第一次改革開放叫洋務運動。改革開放的第一個利益集團是曾胡左李和張之洞。他們都是靠打太平天國和辦洋務起家，門生故吏，世受皇恩，但真正挖個坑把大清王朝埋了，正是這批「中興之臣」的繼承者。

北洋軍閥出自袁世凱的新軍，袁世凱的新軍出自李鴻章的淮軍，李鴻章原來是湘軍的幕僚。

毛澤東說，「辛亥革命後，一切軍閥，都愛兵如命，他們都看重了『有兵則有權』的原則」，「中國也有些不要軍隊的政黨，其中主要的一個是進步黨，但是它也懂得必須靠一個軍閥才有官做」（《戰爭和戰略問題》）。進步黨是梁啟超的黨。

民國，南方革命，北方保守。北方的歷史遺產是北洋軍閥，南方的歷史遺產是華僑和會黨。中國的功夫片跟這種背景分不開。

革命，離不開錢和槍。中國的政客都是從西方列強借錢籌款買軍火，認準的是這個普世價值。他們既代表中國有錢有槍的人，也代表外國有錢有槍的人。改革開放，南方得風氣之先，但孫中山革命，要錢沒錢，要槍沒槍，只能靠華僑、會黨。

清朝末年，南方人常把北方人（廣東人叫「北佬」）視為胡虜，至少是胡虜的幫兇。反清復明，一定要從南方打到北方去，這是明代的歷史遺產，也是華僑、會黨的核心思想。國民黨，背景是美洲、南洋的華僑和青紅幫。孫中山是致公堂的洪棍，[90]蔣介石的背景是上海灘上的青幫。孫中山的革命是以廣東為出發點，蔣介石的革命也跟奉化分不開。老家對他們很重要。

共產黨是受十月革命影響產生的黨，跟國民黨不一樣，國際背景不一樣，社會基礎不一樣。但這個黨是通過國共合作發展起來，沒有國民黨就沒有共產黨。

共產黨和國民黨都是從南方起家，早期參加革命者以南方人居多。如黃埔一期生就以湖南、廣東籍最多。

九、革命的老師

列強選擇代理人，從來都是強者優先，誰有實力承認誰。

弱國無外交。同樣，弱國內部的政治勢力也如此，沒有實力的政黨和政治家，不可能得到列強

---

[90] 致公黨原來叫致公堂，是美洲的洪門組織（紅幫）。

承認。凡是失去控制能力的政客，說蹬就蹬。

中國的北方挨著俄國，西邊是新疆，中間是蒙古，東邊是東北。四大邊疆佔了三個，兩國有漫長的邊境線。這決定了中國與俄國有密不可分的關係。清朝的理藩院，除了負責處理與蒙、回、藏三族有關的民族事務，還負責處理與俄國有關的外交事務。

中國的東北方向有日本，日本是靠打中國（甲午戰爭）、打俄國（日俄戰爭）起家。其稱霸世界的野心主要瞄準兩個方向，一是奪取臨近中國沿海的第一島鏈，二是奪取中國的滿蒙，前者對英美的利益有直接威脅，後者對俄國的利益有直接威脅。

俄、日、德，利益偏重北方，英、法、美，利益偏重南方。

俄、日都在北方，俄國和日本互為剋星。英、美寧願坐山觀虎鬥，讓它們死磕。

北伐，只有蘇聯支持。抗戰，一九三七至一九四一年，也只有蘇聯支持。抗戰初期，德國一度幫助中國，目的是阻止日本南下，誘使日本打蘇聯，但諾門罕戰役（Battles of Khalkhin Gol，一九三九年）後，日本改為南下，劍鋒直指英美。英美見死不救，結果是搬起石頭砸了自己的腳。

蘇聯支持中國革命，既有共產主義運動的考慮，也有戰略安全和地緣政治的考慮。孫中山說，中國之革命必以俄為師，國共兩黨都曾師事之。但中國革命反而有點像美國革命。

中國革命的目標：第一是民族獨立（中國的獨立戰爭），第二是國家統一（中國的南北戰爭），這是國共兩黨的共同目標。

美國歷史學家認為，無論國民黨，還是共產黨，它們領導的革命都是民族主義（或國家主義）性質的革命，跟蘇聯的革命不一樣。其實，被壓迫民族一直是世界的大多數，民族解放運動比社會主義運動更有基礎，也更有普遍意義。

十、中國地理太極圖

《淮南子・天文》：「昔者共工與顓頊爭為帝，怒而觸不周之山，天柱折，地維絕。天傾西北，故日月星辰移焉。地不滿東南，故水潦塵埃歸焉。」毛澤東〈漁家傲・反第一次大「圍剿」〉有一句，「不周山下紅旗亂」，他說共工是「勝利的英雄」。

這個故事講什麼？講的是中國的地形。小時候學地理，我們就知道，從黑龍江璦琿到雲南騰衝畫一條線，西北高，東南低。中國是塊傾斜的大地，從海邊到帕米爾高原，分三個階梯，五百公尺以下一級，一千至兩千公尺一級，四千公尺以上一級。西北、西南是個半月形文化傳播帶，東南沿海也是個半月形文化傳播帶。

這是中國地理的太極圖。

其實，北京把著第二階梯的一個角，也是這麼一個地勢。

中國早期，重心在西北。西北是個「高壓槽」，風是上風，水是上水。

中國有四京，西京（長安）比東京（開封）早，北京（燕亳）比南京（金陵）早。

兵法，西北為陰，東南為陽，講究「右倍（背）山陵，前左水澤」（見《史記・淮陰侯列傳》韓信引《兵法》）。兵家一向以西北伐東南為順勢，以東南伐西北為逆勢。

十一、中國的東西南北

中國的東西是以晉陝峽谷間的黃河為分界線。早先，函谷關以東是一塊，函谷關以西是一塊。

晚一點兒，潼關以東是一塊，潼關以西是一塊。

中國的南北是由秦嶺、淮河分界。人，南方和北方不一樣，就連橘子都不一樣。「橘生淮南則為橘，生于淮北則為枳，葉徒相似，其實味不同。所以然者何？水土異也。」（《晏子春秋・內篇・雜下第六》）

歷史上的交通要道，南北幹線是大同到洛陽和洛陽到荊州的古道，[91]東西幹線是沿渭水和南河（靈寶到鄭州的黃河）去連雲港的道。兩者構成一個大十字。

戰國縱橫家，所謂合縱是晉楚合縱（確切講，是三晉加燕，與楚合縱），所謂連橫是齊秦連橫，就是圍繞這個大十字。

十二、從北方看中國

（一）橫著看

自古胡騎南下，長城沿線有若干突破口。

1. 河北方向，幽燕之地，秦有遼西、右北平、漁陽、上谷四郡。秦長城在瀋陽—赤峰一線，明長城偏南，今山海關（榆關）、喜峰口（盧龍塞）、古北口、居庸關是明長城上的四個突破口。北方民族，凡從東北進北京，多選山海關、喜峰口、古北口入；[92]凡從內蒙古進北京，多沿張家口—宣化—懷來一線，從居庸關入。[93]

2. 山西方向，秦有雁、代二郡。凡從內蒙古進山西，多選大同。打下大同打太原，從太原南下，走長治、高平、晉城，可去洛陽，走臨汾、運城、永濟，可去西安。[94]

3. 陝甘寧方向，也有五個秦代邊郡：北有雲中、九原，南有上郡、北地、隴西。這五個郡遮著八百里秦川。雲中、九原在內蒙古，位於黃河以北，陰山以南。上郡在陝西北部，北地、隴西在寧夏和甘肅東部。河西走廊，漢代還有武威、張掖、酒泉、敦煌四郡。北方民族南下，翻越陰山山脈（山上有秦長城），有三條道可選：一條走東路，從雲中（在托克托縣古城鄉），沿黃河南下；一條走中路，從九原（在包頭市九原區麻池鄉西北），穿內蒙古的鄂爾多斯市（舊伊克昭盟）和陝西榆林、延安南下，秦直道是古代連接九原、甘泉，直達咸陽的國防高速，就從這裡過；一條走西路，逾高闕塞（在巴彥淖爾市臨河區），從河套地區，沿黃河南下。

（二）豎著看

漢地縱深，從北到南，分三道防線：

1. 長城線：山海關—北京—呼和浩特—包頭—嘉峪關，今京瀋、京包、包蘭、蘭新四線大體在這條線上。這條線大約在北緯四十度或四十一度上下。這條線上的古城多半都是邊塞。秦皇漢武的北巡主要走這條線。

---

[91] 山西南邊是以太行、王屋、中條山封底，東南的出口是沁陽（太行陘）、濟源（軹關陘），中間的出口是平陸（虞阪古道和茅津渡）、西邊的出口是永濟（蒲津渡）、芮城（風陵渡和大禹渡）。

[92] 滿人進北京，最初選喜峰口、古北口，後來從山海關入。抗戰，日軍從東北進天津、北京，曾在山海關、喜峰口、古北口與中國軍隊激戰，目的是控扼津浦、平漢二線。

[93] 抗戰，日軍在南口（軍都陘南口）與中國軍隊激戰，目的是控扼平綏線。

[94] 漢有白登之圍，明有土木之變，都跟守大同有關。抗戰，日軍從大同南下太原，有忻口會戰和太原保衛戰。

2. 黃河線：蘭州—寶雞—咸陽—西安—洛陽—鄭州—開封，今寶蘭、隴海二線大體是沿這條線走。這條線大約在北緯三十五度上下。中國早期的都邑和大城市主要在這條線上，秦皇漢武的東巡和西巡主要走這條線。95

3. 長江線：長三角—九江—荊州—重慶。這條線大約在北緯三十度上下。秦皇漢武的南巡主要走這條線。

十三、兩次大一統

武王克商、周公東征是中國的第一次大一統。周人是從陝西崛起，東土是靠五侯九伯鎮撫。五侯者，齊、魯、晉、衛、燕。如果加上孔子周遊的宋、曹、鄭、陳、蔡，還有西方的秦，南方的吳、楚，就是《史記》的十二諸侯（魯不在十二諸侯之列，加上魯，就是十三諸侯）。

洛陽，四方入貢道里均，是本來意義上的中國，虢、鄭在它兩旁，晉國在它背後，楚國當其正南。周室東遷，晉鄭是依。一部春秋史，鄭虢爭政是序幕，晉楚爭霸是高潮。長江流域和南中國，楚最發達，吳越次之，巴蜀又次之。

秦滅六國和東西周是中國的第二次大一統，還是從陝西征服中國。

歷史上的統一，成事者皆以西北伐東南，只有項羽的反秦復楚和朱元璋的反蒙復漢是例外。項羽麾師北上，一把火把咸陽燒了，定都彭城（徐州），一心想的是衣錦還鄉，不足成大事。劉邦興於蜀漢，以長安為都城，才是明智之舉。朱元璋取天下，從安徽起事，定都南京，但燕王朱棣發動政變，還是遷都北京。

十四、金陵王氣

南京是六朝古都，在南方，位置突前，守著長江天塹，對江浙很重要，對東南沿海很重要，從孫權起就是南方最重要的古都。朱元璋之後，洪秀全、孫中山、蔣介石都曾把首都定在南京，但沒有一位真正統一過北方。

古人說金陵有天子氣，被始皇東巡鎮住，五百年後才能抬頭（《晉書·元帝紀》）。五百年後，正好是晉室南渡，定都建康。南京不能統一北方，這不是因為秦始皇把它鎮住了，而是因為中國的重心，早期一直在西北，周秦漢唐都是從陝西、山西取天下。它的北方有個非常廣闊的騎射游牧帶，時刻威脅著整個中國，離它太近不行，離它太遠也不行。宋以來，中國的經濟中心不斷朝南方（南京、蘇杭）轉移，但政治中心反而往北挪，最後竟然挪到長城線上。此不可不察也。

十五、中國版圖

中國的版圖不是一下子形成，而是靠通婚通商、文攻武衛，長期來往，逐漸形成。種地的安土重遷，不愛主動出擊，但騎馬的時來襲擾，總得備戰應急。你打我，把我裹進去；我打你，又把你裹進去，雪球越滾越大，互為主客。

中國的領土擴張多半是被動擴張。特別是元代和清代，漢地被滿蒙兼併，領土是這樣被擴張。

---

⑮ 正定、太原、榆林、武威，在上述兩條線之間，大約北緯三十八度，是漢胡拉鋸的地方，也很重要。

中國的現代版圖是繼承清代，清代是繼承元代。這兩個王朝都是由異族入主中原，反客為主。滿蒙統治中華都是以夷治華，以四裔治中國。清朝繼承元朝，它是靠滿蒙聯姻和喇嘛教控制四大邊疆，即東北、蒙古、新疆、西藏，然後又靠四大邊疆控制漢地十八省。滿人把直隸（今稱河北）、山西、江蘇、浙江、安徽、福建、江西、山東、河南、湖北、湖南、廣東、廣西、四川、貴州、雲南、陝西、甘肅叫本部十八省，即內地十八省，後加新疆、台灣為二十省，台灣割讓後，又立東三省，黑龍江、吉林和奉天，為二十二省。民國以來，一九二八年，還增建了熱河、察哈爾、綏遠、青海、西康等省。[96]

內地十八省是秦皇漢武奠定的中國版圖。它只是中國領土的一半，另一半是清朝的四大邊疆（東北、內外蒙古、新疆和青藏）和台灣[97]。內地十八省加四大邊疆和台灣，才是中國的版圖。

中國是多民族國家。文字，元代有六體：梵、藏、八思巴、回鶻、西夏、漢，清代有五體：漢、滿、蒙、回、藏（當時所謂「回」是泛指信仰伊斯蘭教的各族人民）。現在的人民幣，背面右上角仍用漢、壯、蒙、維、藏五種文字書寫「中國人民銀行」。三者一脈相承。「五族共和」不是孫中山的發明，而是少數民族的發明。

中國，從領土面積講，漢族和少數民族各佔一半。歷史也是一半一半。中國歷史不光是漢族的歷史，也是少數民族的歷史。

十六、中國地理經絡圖

人體有人體的脈（任督二脈和十二經脈），地理有地理的脈（山川經界）。《漢書・藝文志》有形法家，「形」是「大舉九州之勢以立城郭室舍形」，跟看風水有關；「法」是「人及六畜骨法之度數」，跟相術有關。當時還沒有一門學問叫地理學。形法家，山形水勢是模仿人體構造。山水是骨架，道路是經絡，城邑是穴位。

我把自古及今最重要的交通要道說一下。

（一）關中五道

1. 關中道：寶雞—鳳翔—岐山—咸陽—西安—臨潼—華陰—潼關（大體相當今隴海線西段）。
2. 隴西道：寶雞—隴縣—天水—定西—蘭州—武威—張掖—酒泉—嘉峪關—玉門—哈密（大體相當今寶蘭線＋蘭新線）。
3. 蜀道：關中到漢中有褒斜道、子午道、陳倉道、儻駱道，漢中到四川有金牛道、米倉道、荔枝道。陳倉道：寶雞—漢中—劍閣—成都（大體相當今寶成線）。
4. 秦直道：咸陽—淳化—包頭（在今西包線的西側）。

---

96 今之二十三省，是內地十八省減廣西、加東三省、青海、臺灣、海南。海南省是從廣東省分出。

97 《中華民國臨時約法》宣佈，中國的領土為二十二行省和三大屬地，十八行省之外加四個行省，東三省和新疆省，三大屬地是蒙古（內蒙古和外蒙古）、西藏和青海。今之五大自治區，內蒙古、西藏是來自三大屬地，廣西、新疆是改省為自治區，寧夏是從甘肅分出。

5.武關道：西安—藍田—南陽（過去沒鐵路，現已通車）。

（二）關外九道

1.大同—延慶—北京，穿軍都陘，與長城平行。長城沿線，從北京往西，有舊平綏路和今京包線，往東，有今京瀋線。

2.大同—渾源—靈丘—淶源—順平—定州—正定，穿蒲陰陘。此道久廢，但原來卻是北魏皇帝南巡的要道。

3.大同—太原—永濟，大體相當今同蒲線。

4.太原—正定，穿井陘，大體相當舊正太路、今石太線。

5.太原—長治—高平—晉城—沁陽—洛陽，穿太行陘，大體相當舊白晉路、今太焦線。

6.長治—邯鄲，穿滏口陘，大體相當今長邯線。

7.洛陽—南陽—襄樊—荊州，今焦枝線經洛陽到襄樊。洛陽到南陽，舊稱宛洛道（三鴉路）；南陽到襄樊，舊稱宛襄道；襄樊到荊州，舊稱荊襄道。

8.靈寶—三門峽—洛陽—偃師—鄭州—開封—商丘—徐州—連雲港，大體相當今隴海線東段。

9.紹興—蘇州—徐州—鄒城—曲阜—泰安—濟南—天津—北京，大體相當舊平津路＋津浦路＋滬寧路＋滬杭甬路和今京滬線＋滬杭甬線。

（三）海路

廣州—廈門—福州—寧波—上海—連雲港—膠南—榮成—煙台—龍口—萊州—天津—秦皇島—

綏中。

（四）江路

上海—南通—鎮江—南京—蕪湖—銅陵—安慶—九江—武漢—荊州—宜昌—重慶。

第一次世界大戰，鐵路對陸戰很重要。一九四九年以前，中國的戰爭主要是陸戰。日本人和國民黨都把搶佔鐵路、奪取城市看作戰略目標，共產黨是讓開大路佔兩廂，動不動就搞破襲戰，等於掐脈點穴。

十七、歷史總是出人意外

歷史有連續性，連續性體現為慣性。

人總是被歷史的慣性誤導，就像開車，剎車太猛，自己把自己嚇一跳，猛然掉頭，腦筋跟不上急轉彎。

革命的真實感好像鬼打牆：一腳深，一腳淺，跑了半天，沒準兒回到原地。如何擺脫鬼打牆？歷史的必然性總是通過偶然性開道——絕處逢生。

絕處逢生，不可能事先想到。

下面我要講，中國革命，每一段都有每一段的慣性，每一段都被偶然事件打斷，充滿戲劇性。

十八、從「驅除韃虜，恢復中華」到「打倒列強，打倒軍閥」

大漠好像大海，漢地好像陸地。航海都是順邊溜。騎馬民族最發達的地區往往都靠近漢地，好像航海順邊溜，停靠於一個個港灣。

世界上的各大文明差不多都是農牧互動的結果。農業文明和畜牧文明，纏繞糾結，好像衛星雲圖上的氣旋，農業文明在內，吸著，游牧文明在外，捲著，一會兒吸進來，一會兒甩出去，誰也離不開誰。

中國歷史是漢族和少數民族共同創造的歷史。

歷史上，漢與氐羌、西南夷、吐蕃、党項，即今之藏、羌、白、彝等族關係最密切。漢語和藏語同屬漢藏語系。周人姬姓，羌人姜姓，一直通婚。周代的統治集團是姬姜聯盟，呂尚（小說中的姜太公）是武王的岳父，周人稱舅氏。這比文成公主嫁松贊干布早得多。

中國北方，阿爾泰語系各支，肅慎、濊貊、東胡、匈奴、鮮卑、突厥、回鶻、蒙古、契丹、女真，分屬蒙古、突厥、通古斯三個語族。維吾爾族出自回鶻，是突厥語族的一支；蒙古族出自鮮卑系統的室韋，是蒙古語族的一支；滿族出自女真，是通古斯語族的一支。他們與漢族也是通婚互市，不打不相識。

蒙古人和滿人統治中國時期，中國版圖最大，那時誰最想獨立，肯定是漢族。但蒙古人也好，滿人也好，都不讓漢族獨立。反過來，道理一樣。

革命慣性之一：「走向共和」等於「反清復明」。

中國的最後一個朝代是滿族統治漢族的朝代，少數統治多數的朝代。吳三桂為什麼失敗？有人說，就是沒打「反清復明」的旗號。

孫中山靠會黨起家，會黨志在反清復明，因而提倡「種族革命」。《蘇報》案，鄒容《革命軍》的革命就是這種革命。我記得，章太炎在日本演說，慷慨激昂。他說他打小就知道明亡之恥。排滿，南人比北人更激烈。同盟會的口號是「驅除韃虜，恢復中華」。這一口號出自朱元璋〈喻中原檄〉，據說是宋濂起草，很符合「漢胡不兩立」的思想傳統。但滿去則蒙離，蒙離則回、藏去，等於自動放棄四大邊疆。這對模仿滿蒙統治模式的日本來說，可謂正中下懷。

中國不等於漢區，但直到今天，很多西方人仍堅持認為，中國的版圖只限內地十八省（他們叫China Proper），四大邊疆應從中國分離，像鄂圖曼帝國那樣，乾脆大卸八塊。

一九一一年，孫中山倡五族共和，其《臨時約法》宣告中國領土為二十二行省，不僅包括青海省和東三省，也包括內外蒙古、新疆和西藏。

北伐的口號是「打倒列強，打倒軍閥」，「列強」代替「韃虜」，「軍閥」等於「列強」的幫兇，深入人心。雖然中國的軍閥，無論新舊，都是人在屋檐下，不能不低頭，但在內心深處，他們幾乎都恨日本，也未必愛西方。[98]

---

[98] 如吳佩孚、張學良、閻錫山、楊虎城、盛世才都恨日本，蔣介石對德國的魏采爾、英國的丘吉爾和美國的史迪威都很有意見。

十九、第一次內戰（北伐戰爭）

一九二六至一九二八年，皖系衰落，剩下奉系和直系。日本支持奉系，英、美支持直系，只有蘇聯支持北伐。

革命慣性之二：軍閥割據、南北對抗。

革命黨人以南人居多。孫中山是廣東人，在廣州建黃埔軍校。北伐軍分八個軍，廣州誓師後，一路走東南，一路走中南，先後攻克長沙、武漢、南昌、九江、上海、南京，以東北易幟結束。中間有寧漢分裂和國共分裂。

一九二八年，蔣、桂戰爭。一九三〇年，蔣、馮（馮玉祥）、閻（閻錫山）中原大戰。蔣介石的德國軍事顧問是喬治・魏采爾（Georg Wetzell）。此戰也是以蔣介石的勝利而告終。

從表面上看，蔣介石的統一大業已經完成，但實際上，中國仍處於割據之中。戰後的國民黨新軍閥是：

（一）北方

奉系餘脈（東北軍）：張學良（陝西）。

直系餘脈（西北軍）：馮玉祥（西北）、宋哲元（河北）、楊虎城（陝西）、韓復榘（山東）。

晉系（晉綏軍）：閻錫山（山西）、傅作義（綏遠）。

西北三馬（馬家軍）：馬步芳（青海）、馬鴻逵（寧夏）、馬鴻賓（甘肅）。

其他（與東北軍有關）：盛世才（新疆）。

（二）南方

黃埔系（中央軍）：蔣介石（主要在江、浙、鄂、豫、皖、贛六省）。

桂系（桂軍）：李宗仁、白崇禧、黃紹竑（廣西）。

粵系（粵軍）：李濟深、陳濟棠、陳銘樞（廣東）。

閩系（十九路軍）：蔣光鼐、蔡廷鍇（福建）。

湘系（湘軍）：唐生智、程潛（湖南）。

川系（川軍）：劉文輝、楊森、鄧錫侯（四川）。

黔系（黔軍）：王家烈（貴州）。

滇系（滇軍）：龍雲、盧漢（雲南）。

一九四九年，蔣介石敗走台灣，上述各位，只有張學良、閻錫山、馬步芳、馬鴻逵、白崇禧、楊森去了台灣，其他非降即叛。去了台灣的各位，沒有地盤，沒有軍隊，自然歸順。共產黨幫他完成了中國統一。

中國統一還是由北方統一南方。

二十、第二次內戰（土地革命戰爭）

北伐之後，國民黨統治區主要在東南沿海和長江沿線，一是南京、上海、杭州，二是南昌、武漢、長沙。

革命慣性之三：依託共產國際、延續大革命的思路。

中國共產黨把中央機關設在敵人心臟，一九二一至一九三三年在上海（一九二六—一九二七年，一度在武漢），現在覺得很奇怪，但擱當時，一定如此。中國共產黨是共產國際的分支。共產國際是從國際大都市指揮中國革命。

當時，大革命的影響還深入人心。南昌起義（南昌暴動）也好，廣州起義（廣州暴動）也好，從暴動地點到運作方式，所有想法都擺脫不了大革命的思路。

（一）三大革命根據地

共產黨是傍著國民黨發展。它在國民黨的臥榻之側，讓蔣介石無法安眠。這一時期，中共紅軍根據地遍地開花，但主要在江西、安徽、湖北、湖南和福建。如：

1. 中央蘇區，紅一方面軍的發源地。
2. 湘鄂西根據地，紅二方面軍的發源地。
3. 鄂豫皖根據地，紅四方面軍的發源地。

當時，參加革命者多為南方人，跟抗戰以來不一樣。抗戰以來的幹部，所謂三八式老幹部，很多都是北方人。

（二）三大紅軍主力

紅軍先後被編入三個方面軍（有一、二、四方面軍，沒有三方面軍）。

1. 紅一方面軍（中央紅軍），下轄紅一、紅三和紅五軍團，並先後成立過紅七、紅八、紅九、紅十和紅十五軍團。後來的八路軍一一五師和新四軍源於此。

2. 紅二方面軍，下轄紅二和紅六軍團。後來的八路軍一二〇師源於此。

3. 紅四方面軍，下轄紅四軍和紅二十五軍，後增紅九、三十、三十一和三十三軍。[99]後來的八路軍一二九師源於此。

一九三四年十一月—一九三五年九月，徐海東、程子華率紅二十五軍從大別山出發，穿桐柏山、伏牛山，最先到陝北，與劉志丹、謝子長率領的紅二十六、二十七軍在陝西延川縣永坪鎮會師，時間在三大主力會師之前。

（三）五次反「圍剿」

第一次一九三〇年至一九三一年，第二、第三次一九三一年，第四次一九三三年，第五次一九三三年至一九三四年。蔣介石的顧問是喬治．魏采爾（步步為營的堡壘戰術）。紅軍顧問是蘇聯派來的李德（短促突擊戰術）。兩邊的顧問都是德國人。

二十一、長征

長征（當時的國民政府稱為「流竄」或「西竄」）是一次勝利大逃亡，死裡逃生、因禍得福。它既擺脫了蔣介石的圍追堵截，也擺脫了過去的革命思路。從此，革命從南方轉到北方。

[99] 長征結束後，一九三六年十月至一九三七年三月，紅四方面軍的紅五、九、三十軍，兩萬多人，奉中革軍委命令，準備執行寧夏戰役計劃，在河西走廊，遭馬家軍截擊，全軍覆沒，只剩四百多人生還。

（一）紅一方面軍（一九三四年十月—一九三五年十月）

1.突破四道封鎖線（一九三四年十月十日—十二月一日），主要在湖南和湖南與江西、廣東、廣西交界處。紅軍八萬六千人從江西出發，原計劃與二、六軍團會師湘西，不利，湘江戰役後，只剩三萬人。毛澤東〈七律·長征〉的「五嶺逶迤騰細浪」指這一段。五嶺在上述四省交界處。

2.突破烏江（一九三五年一月二至六日）—攻佔遵義（一九三五年一月七日）—遵義會議（一九三五年一月十五日至十七日）—四渡赤水一九三五年一月二十九日—四月四日，所經之處主要在貴州，以及貴州與雲南、四川交界處。毛澤東〈七律·長征〉的「烏蒙磅礴走泥丸」指這一段。烏蒙山在上述三省交界處。毛澤東〈憶秦娥·婁山關〉、〈十六字令·山〉寫於這一時期。

3.巧渡金沙江（一九三五年五月三日至九日）—強渡大渡河、飛奪瀘定橋（一九三五年五月二十九日）—翻越夾金山、懋功會師（一九三五年六月十二日）—過草地（一九三五年八月二十一—二十八日），穿整個四川，從今涼山彝族自治州，經今雅安市和阿壩藏族羌族自治州，貼四川盆地西側，沿岷山山脈走。紅軍走的路是什麼路？正是王明珂說的「漢藏之間」。毛澤東〈七律·長征〉的「金沙水拍雲崖暖，大渡橋橫鐵鎖寒。更喜岷山千里雪，三軍過後盡開顏」就是描寫這一段。金沙江是川、藏之間的界河，瀘定橋在瀘定縣的大渡河上，過雪山是翻夾金山，夾金山屬岷山山脈，在小金縣，懋功是小金縣的舊稱，過草地在松潘、若兒蓋之間。懋功會師是紅一方面軍與紅四方面軍會師。會師後，兩軍混編為左路軍和右路軍。一九三五年九月，張國燾率左路軍南下，毛澤東組陝甘支隊北上，前途未卜。九月二十二日，毛澤東在哈達鋪，從國民黨的報紙上得知，陝北有劉志丹的根據地。哈達鋪在甘肅宕昌縣。

4. 臘子口戰鬥（一九三五年九月十六、十七日）—哈達鋪休整（一九三五年九月十八—二十三日）—翻越六盤山（一九三五年十月七日）—紅一方面軍到達吳起鎮（一九三五年十月十九日）—紅一方面軍與紅十五軍團在甘泉地區會師（一九三五年十一月初）—直羅鎮戰役（一九三五年十一月）。臘子口在甘肅迭部縣，吳起鎮在陝西吳起縣，直羅鎮在陝西富縣。

5. 三大主力會師：紅一方面軍與紅四方面軍在會寧會師（一九三六年十月十日），紅一方面軍與紅二方面軍在靜寧將臺堡會師（一九三六年十月二十二日）。會寧縣在甘肅，靜寧縣在會寧東（今屬寧夏回族自治區）。

毛澤東〈七律．紅軍不怕遠征難〉、〈念奴嬌．崑崙〉和〈清平樂．六盤山〉寫於一九三五年十月，大概都寫於三軍會師後。[100]六盤山在甘肅、寧夏之間。

（二）紅四方面軍（一九三五年三月二十八日—一九三六年十月十日）

一九三二年十二月，紅四方面軍撤離鄂豫皖蘇區，建立川陝根據地。一九三五年三月二十八日—四月二十一日，取得嘉陵江戰役勝利。五月初，紅四方面軍放棄川陝根據地，開始長征；六月十二、十八日，與紅一方面軍在懋功會師。八月，與紅一方面軍混編為左、右兩路軍；九月，張國燾命紅四方面軍和編入左路軍的紅一方面軍兩個軍南下；十一月十三日—二十一日，南下紅軍與國民黨軍作戰，傷亡慘重；一九三六年四月，撤至甘孜地區，部隊從八萬人降到四萬人。一九三六年七月一日，紅四方面軍與紅二方面軍在甘孜會師，重新北上；十月十日，與紅一方面軍在會寧會師。

[100]〈崑崙〉是西望崑崙，他並沒到過崑崙山。

（三）紅二方面軍（一九三五年十一月十九日—一九三六年十月二十二日）

一九三五年十一月十九日，紅二和紅六軍團的主力從賀龍的老家湖南桑植出發，經湖南、貴州、雲南，從雲南玉龍渡金沙江，翻玉龍雪山，從雲南中甸（今香格里拉），北上四川。一九三六年七月一日，在四川甘孜與紅四方面軍主力會師。七月五日，與紅三十二軍組成紅二方面軍一同北上；十月二十二日，在甘肅靜寧與紅一方面軍會師。

《毛主席詩詞》，作者說是在馬背上吟成。中國的詩多為日記體，走哪兒寫哪兒，見什麼寫什麼，即使抒情，也是一時興起，很少為文造情，無病呻吟。

二十二、東方不亮西方亮，黑了南方有北方

長征，蔣介石希望，紅軍和沿途的割據勢力互相消耗，有助於他的統一大業。但天不該絕，紅軍轉一大圈，先是從東到西，去《禹貢》梁州，後是從南到北，去《禹貢》雍州，離開的是現代的風水寶地，去的是古代的風水寶地，終於脫離險境。

毛澤東說，「中國是一個大國——『東方不亮西方亮，黑了南方有北方』，不愁沒有迴旋的餘地」（《中國革命戰爭的戰略問題》）。

三國時期，劉備為「帝室之胄」，諸葛亮〈隆中對〉勸他模仿漢高祖，割據蜀漢，從蜀漢取天下，講得很好。但付諸實踐，他為什麼失敗了？史念海先生說，一是誤用關羽，大意失荊州，不能東出三峽，從荊州北上襄陽、南陽、洛陽，奪天下，被吳國堵在裡面，出不來；二是六出祁山，不

能越秦嶺，向秦川，東出崤函，奪天下，被魏國堵在裡面，出不來。[101]

紅軍重獲生機，關鍵是從四川去了陝北，又從陝北進了山西。

陝北是秦代的上郡。黃河兩岸一帶，漢代叫西河郡。

陝北進山西有六個黃河渡口。

1. 陝西府谷，對面是山西保德。這是山西人走西口的渡口。
2. 陝西佳縣，對面是山西臨縣。一九四八年三月，三大戰役前，毛澤東從陝西去山西，就是從佳縣、吳堡之間渡河，從臨縣去五台，從五台去西柏坡。[102]
3. 陝西吳堡，對面是山西柳林和呂梁。
4. 陝西清澗，對面是山西石樓。一九三六年二月，紅軍東征山西，就是從清澗渡河。[103]
5. 陝西韓城，對面是山西萬榮。一九三七年八月，八路軍東渡黃河，就是從韓城渡河，進入山西。[104]
6. 陝西大荔（蒲津關），對面是山西永濟（蒲津渡）。

---

[101] 史念海〈論諸葛亮的攻守策略〉，收入氏著《河山集》，北京：生活·讀書·新知三聯書店，一九六三年。

[102] 一九四八年三月二十三日，毛澤東從陝西去山西，本想從佳縣渡河，後來為了避敵耳目，特意把渡口選在吳堡岔上鄉川口村登舟，在臨縣磧口鎮高家塔村上岸，經興縣、岢嵐、五寨、神池、寧武、代縣、五台、阜平，於五月一日到河北西柏坡。

[103] 一九三六年二月二十日至五月五日，毛澤東率紅軍東征，從清澗辛關渡河到山西石樓。四月十四日，劉志丹戰死山西柳林，「出師未捷身先死，長使英雄淚滿襟」（〈蜀相〉）。周恩來輓劉志丹：「上下五千年，英雄萬萬千，人民的英雄，要數劉志丹。」

[104] 一九三七年八至十月，八路軍是由陝西韓城芝川鎮渡河到山西榮河廟前村，進入山西。萬榮西岸，自北而南有三個渡口：汾陰度、西頭渡、廟前渡。

二十三、抗日戰爭

利瑪竇說，中國人很怕倭寇。日本人，陸軍學德國，海軍學英國，走在中國前面。中國近代學軍事的，很多都負笈東瀛，如蔣百里、閻錫山、蔣介石。

一九二七年七月二十五日，田中義一《田中奏摺》稱：「惟欲征服支那，必先征服滿蒙。如欲征服世界，必先征服支那。」日本全面征服中國在十年後。

一九三一年九月十八日，「九一八」事變。一九三二年一月二十八日，「一二八」事變。中國正式對日宣戰是一九四一年，中間過了整整十年。蔣介石一味忍讓，認為中國肯定打不過日本。東北丟就丟了吧，華北保不住也不用保。「安內攘外」，主要是安東南沿海。

一九三六年十二月十二日，西安事變。中國北方的軍閥，感受不一樣，張學良、楊虎城的最初考慮是聯閻（閻錫山）、聯共（共產黨）、聯俄（蘇聯），在陝西、山西成立抗日的北方聯合政府，這跟共產黨的想法正好撞在了一塊兒。

一九三七年七月七日，盧溝橋事變；八月十三日，「八一三」淞滬會戰。當時，蔣介石押寶於國際干涉，英美無動於衷。宋美齡游說美國，灑淚而還。一九三七至一九四一年，除了蘇聯，沒有一個強國施以援手。

有一個例外，大家想不到，德國曾援助中國抗戰。[105]

蔣介石有五個德國顧問，最後一位是亞歷山大・法肯豪森（Alexander von Falkenhausen）將軍。此人當過駐日武官，對日本瞭如指掌。一九三五年八月二十日，他在〈關於應付時局對策之建議書〉中曾提出忠告，中國政府「斷無不抵抗而即承認敵方要求，沉默接受。鄙意民氣即是千百萬抵抗，故不容輕視。苟領袖無此種意志，則人民亦不肯出而抵抗」。他考察過中國的海防江防，參加過台兒莊會戰和淞滬會戰，對中國抗戰有全面部署。北方，務必先保滄州、保定一線，次保黃河、隴海一線。北方守不住，可決黃河阻敵。南方，封鎖長江，退守南昌、武漢、長沙，最後撤到重慶。

日本滅亡中國路線圖：先取東北、華北，然後沿海路和津浦、平漢二線，分三路南下。蔣介石想隔江而治，不可能，結果是東西對峙。日本佔了中國東部的半壁江山，潼關以西未能入，四川未能入。

（一）正面戰場

淞滬會戰（一九三七年八月十三日—十一月十二日）、南京保衛戰（一九三七年十二月一日—一九三七年十二月十三日）、徐州會戰（一九三八年一月至五月，包括臺兒莊戰役）、花園口決口（一九三八年六月九日）、武漢會戰（一九三八年六月十一日—一九三八年十月二十五日）、長沙會戰（一九三九年九月—一九四二年一月）、崑崙關戰役（一九三九年十二月十八日—一九四〇年一月十一日）、上高會戰（錦江會戰，一九四一年三月十四日—四月九日）、中條山會戰（一九四一年五—六月）、滇緬會戰（一九四一年十二月—一九四二年一月）、湘西會戰（一九四五年四—六月）。

105 德國幫助中國抗戰，可以拖住日本，吸引日本北上，從東面包抄蘇聯。一九三九年的諾門罕戰役粉碎了日本北上派的選擇。一九四一年，《蘇日中立條約》簽訂，使蘇聯免於分兵作戰，專注於西線。日本終於南下，發動太平洋戰爭。

開羅會議時的蔣介石（《倫敦新聞畫刊》素描）

（二）敵後戰場

一九三七年八—十月，八路軍由陝西韓城渡河到山西萬榮，以山西為中心，開闢三大根據地：晉察冀根據地（一一五師，以五台山為中心）、晉綏根據地（一二〇師，以管涔山為中心）和晉冀魯豫根據地（一二九師，以太行山、太岳山為中心）。

閻錫山躲在吉縣克難坡（以呂梁山為中心）。八路軍總部先後設於五台、武鄉、左權、沁源。平型關大捷（一九三七年九月二十五日）、百團大戰（一九四〇年八月二十日至十二月十五日）。

一九三九年，日軍敗於諾門罕戰役，放棄北上。

一九四一年十二月七日，珍珠港事件；十二月八日，美國對日宣戰；十二月九日，中國對日宣戰。滇緬會戰在此之後。在此之前，國軍發動的會戰，除少數幾仗，幾乎都是敗仗，非常慘烈。

一九四五年八月十五日，日本投降。

二十四、第三次內戰（解放戰爭）

這場戰爭是千軍萬馬大會戰，但同時也是蔣介石和毛澤東這兩位戰略決策者之間的大博弈。蔣的方針是「由點來控制線，由線來控制面」，點是城市，線是鐵路，基本上是鬼子掃蕩的辦法。毛的方針是「集中優勢兵力，消滅敵有生力量」，其戰略切割和包圍是圍繞這個目標，不斤斤於一城一地之得失。[106]

（一）三大戰役前

一九四五年八月八日，蘇聯對日宣戰；八月十九日，關東軍投降；八月二十八日，八路軍挺進東北；十月三十一日，東北人民自治軍（後改名東北民主聯軍，為四野的前身）成立；十月八日，長治解放，晉東南解放[107]；九月二十四日，邢臺解放；十一月二日，邯鄲解放。長治在黎城南，左太岳，右太行，守著太原到晉城和黎城到邯鄲的要道（滏口陘）。邯鄲、邢臺卡在平漢線上。這是西伯戡黎故事的重演。

一九四六年四月二十八日，哈爾濱解放；六月，中原突圍。一九四六年十二月—一九四七年四月，三下江南、四保臨江戰役。

一九四七年三月十八日，中共中央撤離延安；五月十三—十五日，孟良崮戰役，圍殲國民黨七十四軍，擊斃張靈甫；八月，劉鄧大軍強渡黃河，挺進大別山；十一月十二日，石家莊解放，切斷平漢路和石太線；十二月二十八日，運城解放。

一九四八年四月五日，洛陽解放；四月二十一日，收復延安；五月十七日，臨汾解放；六月二十二日，開封解放；六—七月，晉中戰役，太原以南全部解放。

---

[106] 金沖及《毛澤東、蔣介石是如何看待三大戰役的》，北京：北京大學出版社，二〇一二年，二一—二三頁。

[107] 山西全境，晉東南解放最早（一九四五年），晉西南其次（一九四八年），太原、晉北最晚（一九四九年）。晉東南解放，晉城最早（一九四五年四月），高平其次（一九四五年六月），不僅在長治解放前，而且在日本投降前。

（二）三大戰役

1. 遼瀋戰役（一九四八年九月十二日—十一月二日），[108]參戰部隊：東北野戰軍。一九四八年十月十五日，錦州解放；十月二十一日，長春解放；十一月二日，瀋陽解放，東北全境解放。這段時間裡，九月二十四日，濟南解放，山東除青島等零星地點，大部份解放[109]；十月二十二日，鄭州解放，河南大部份地區解放（除商丘地區）。遼瀋戰役後，十一月二十三—二十五日，東北野戰軍揮師入關，包圍北平、天津、唐山、張家口。

2. 平津戰役（一九四八年十一月二十九日—一九四九年一月三十一日），[110]參戰部隊：東北野戰軍和華北野戰軍。一九四八年十二月十二日，唐山解放；十二月二十四日，張家口解放。一九四九年一月十五日，天津解放；一月三十一日，北平解放，河北全境解放。

3. 淮海戰役（一九四八年十一月六日—一九四九年一月十日），[111]參戰部隊：華東野戰軍和中原野戰軍。一九四八年十二月一日，徐州解放，徐州周圍，商丘地區、棗莊地區、連雲港地區和淮河以北相繼解放。淮海戰役後，一九四九年一月二十一日，合肥解放。

一九四八年十一月，解放軍整編，華北野戰軍，自成一部，不立番號（前身是八路軍一二九師和一一五師一部）；西北野戰軍，編為第一野戰軍（前身是八路軍一二〇師）；中原野戰軍，編為第二野戰軍（前身是八路軍一二九師）；華東野戰軍，編為第三野戰軍（前身是新四軍）；東北野戰軍，編為第四野戰軍（前身是八路軍一一五師和新四軍一部）。

（三）三大戰役後

一九四九年四月二十一日，渡江戰役。渡江戰役後，解放軍兵分五路，解放全中國：

1. 華北軍區部隊負責解放晉綏（山西北部和內蒙古歸綏、包頭一帶）：四月二十四日，太原解放；五月一日，大同解放；九月十九日，歸綏（呼和浩特）、包頭解放。

2. 一野負責解放西北：五月二十日，西安解放；八月二十六日，蘭州解放；九月五日，西寧解放；九月二十三日，銀川解放；九月二十五日，新疆和平解放。

3. 三野負責解放華東：四月二十三日，南京解放；五月三日，杭州解放；五月二十五日，寧波解放；五月二十七日，上海解放；八月十七日，福州解放；十月十八日，廈門解放。

4. 二野、四野負責解放中南：五月七日，九江解放；五月十七日，武漢解放；五月二十二日，南昌解放；八月四日，長沙解放；十月十四日，廣州解放。

5. 二野、四野負責解放西南：十一月十四日，貴陽解放；十一月三十日，重慶解放；十二月四日，南寧解放；十二月九日，昆明解放；十二月二十七日，成都解放。

（四）尾聲

一九五〇年五月一日，海南島解放；五月十九日，舟山群島解放；十月十九日，昌都解放。

---

108 國民黨叫遼西會戰。
109 青島是一九四九年六月二日解放。
110 國民黨叫平津會戰。
111 國民黨叫徐蚌會戰。

一九五一年五月二十三日，西藏和平解放。
一九五五年一月十九日，一江山島解放。

二十五、茫茫九派流中國，沉沉一線穿南北

中國革命是年輕人的革命，小的十幾、二十歲，大點兒三四十歲，短短二十八年間，身經百戰，現在難以想像。

毛澤東〈菩薩蠻·黃鶴樓〉：「茫茫九派流中國，沉沉一線穿南北。煙雨莽蒼蒼，龜蛇鎖大江。」這是寫一九二七年春的武漢，「四一二」「七一五」之前的武漢，意境蒼涼。作者自注說，當時的他，情緒低落，不知如何是好。一九二七年，他才三十四歲。他根本想不到，二十二年後，中國會地覆天翻。

武昌是兩湖新政的中心和首次武裝革命的地方。當時，毛澤東住在長江東岸離今武漢長江大橋不遠的湖北農民運動講習所，南有黃埔軍校武漢分校（武漢中央政治軍事學校，設在張之洞的兩湖書院內）。黃鶴樓就在附近，一八八四年就毀了，不僅「昔人已乘黃鶴去」，就連「此地空餘」的黃鶴樓都沒了，光剩遺址，供人憑弔。轟轟烈烈的大革命，給他留下的是這麼一個印象。

「茫茫九派流中國」，這是長江。「沉沉一線穿南北」，這是鐵路。今京廣線，過去分兩截，北平到漢口叫平漢路，武昌到廣州叫粵漢路。一九二七年，平漢路早就修好（一九〇五年修黃河大鐵橋，第二年通車），但粵漢路還不通，只能從武昌坐到長沙，漢口、武昌間還橫著長江天塹，沒

有鐵路橋。武漢長江大橋建成於一九五七年。有了這座橋，才有京廣線。

歷史上的大十字，渭水、南河一線是橫線，大同、荊州一線是縱線。現代的大十字，長江是橫線，京廣線是縱線，重心已經偏離，向東移，向南移。

中國南北交通的大幹線，除了京廣線，還有京滬線。京滬線早先分兩截，平津路（北平到天津）和津浦路（天津到南京浦口）是一截，滬寧路（南京到上海）是一截。蔣介石的地盤主要在華東，政治中心是南京，經濟中心是上海。上海南面有杭州。淞滬會戰失利，就是被日本人從錢塘灣登陸，抄了後路。上海到寧波有滬杭甬線，可通蔣介石的老家奉化。蔣介石最最看重，主要是長三角。

這條大幹線，一傍京杭大運河，二靠海岸線，對蔣介石來說，比連接北平、武漢和廣州的大幹線更重要。但南京的浦口、下關之間，原先沒有鐵路橋。南京長江大橋是一九六八年才建成。

北伐也好，抗戰也好，這兩大幹線最重要。上海、南京、南昌、武漢都在長江上，對外國人最重要，對蔣介石最重要。

二十六、國民黨栽在接收上

一九二六至一九二七年，共產黨是傍著國民黨發展，國民黨的核心地區在江浙，共產黨的根據地在湘鄂贛，臥榻之側，豈容他人酣睡？

一九二七至一九三六年，國民黨圍追堵截，把共產黨從湘鄂贛攆到雲貴川，再攆到陝甘寧，共產黨是因禍得福。

一九三七至一九四五年，日本從華北南下，把蔣介石趕到雲貴川。日本佔中國東半，國民黨在中國西南，共產黨在中國西北。

一九四五年，日本投降後，鹿死誰手，關鍵在戰後接收。中國的接收是以世界的接收為背景，這是「冷戰」的序幕。張恨水的《五子登科》就是講接收。國難之後，很多人發國難財，國民黨成了發財黨。

戰後，兩黨爭天下，美國調停國共，希望在中國搞兩黨制，但條件是共產黨繳槍，加入國民黨領導的聯合政府。當時，美蘇爭霸，制約全域，前途未卜。作為底線，毛澤東也不是沒有考慮過法國共產黨的道路，但形勢比人強，美國支持國民黨，中共的選擇只能一邊倒，倒向蘇聯。

共產黨在北方接收，有地利之便。八路軍從四川進陝甘寧，從陝甘寧進山西，以山西為中心，向河北、察哈爾、山東、河南、東北擴軍，這是古代王者取天下的路線圖。

周取天下、秦取天下、漢取天下，莫不如此。

二十七、風水輪流轉

總結一下，共產黨取天下，大體上是從西到東，從北到南。

（一）解放東北、華北

1. 立足陝甘寧根據地。
2. 東進山西，以山西為中心，向河北、河南、山東、江蘇和察哈爾發展。

3.挺進東北，解放晉東南。

4.遼瀋戰役，解放東北。同時，以八路軍的晉冀魯豫根據地為基礎，解放晉西南、河北南部、河南西部和山東之大部。

5.平津戰役，以八路軍的晉察冀根據地為基礎，解放河北北部。

6.淮海戰役，以新四軍的淮北根據地為基礎，解放江蘇北部、安徽北部和河南東部。

（二）解放晉綏、西北

1.以八路軍的晉綏根據地為基礎，解放山西北部和內蒙古。

2.以陝甘寧根據地為出發點，解放陝西、甘肅、寧夏、青海、新疆。

（三）解放華東、中南、西南

1.解放江蘇南部、安徽南部和浙江、福建。

2.解放湖北、湖南、江西、廣東、海南島。

3.解放貴州、廣西、雲南、四川、西康、西藏。

一九四九年一月三十一日，解放軍佔領北京；四月二十三日，解放軍佔領南京。

佔領南京後，毛澤東寫下〈七律．人民解放軍佔領南京〉，說「虎踞龍盤今勝昔，天翻地覆慨而慷」，與他的〈菩薩蠻．黃鶴樓〉形成強烈對比。

這樣的結果，當初想不到。

國共內戰重複了日本佔領中國的路線：東北—華北—華南，蔣介石再次退守西南，希望從西南打回老家，像抗戰中一樣。但這回不一樣，他被徹底趕出中國大陸。

新中國為什麼把首都定在北京，關鍵是華北背後有東北，東北背後有蘇聯，蘇聯對美國有威懾力。共產黨是依託北方，從北方統一中國。

二十八、歷史再次應了司馬遷的話

中國革命是一場南北戰爭。革命從南方到北方，又從北方到南方，轉了一大圈兒。一九四九年十二月九日，劉文輝、盧漢起義。國民黨在西南也守不住了。十二月十日，蔣介石離開成都，從飛機上往下瞧，萬水千山，不勝依依，別有一番滋味在心頭。

蔣介石去台灣，大陸說要打台灣。蔣介石怕台灣守不住，曾考慮流亡菲律賓或日本（日本有他的很多戰犯朋友），宋美齡勸他上美國或瑞士，他覺得丟不起這個人。朝思暮想，還是踩著東南沿海的小島，有一天打回老家去。

國民黨遷臺，不是一兩個人流亡，而是軍警憲特一大批，連同他們的眷屬，約兩百萬人出逃，除了台灣，沒一個地方可以收留這麼多人。

抗戰中，蔣介石不聽話，丘吉爾和羅斯福就想幹掉他。現在大勢已去，失了人心，丟了江山，美英等國不可能支持他。宋美齡求杜魯門，被拒絕；求馬歇爾，也被拒絕。現有檔案材料為證，美國中情局策劃的孫立人兵變，原定動手時間是一九五〇年六月底。六月二十五日韓戰爆發，他才絕處逢生，前後只差三五天。

現在，蔣介石仍端坐在臺北的中正堂裡，面朝北方，腳下刻著他的遺囑，念念不忘反攻大陸，但他再也沒有踏上大陸的一寸土地。

司馬遷說「夫作事者必于東南，收功實者常于西北。故禹興于西羌，湯起于亳，周之王也以豐、鎬伐殷，秦之帝用雍州興，漢之興自蜀漢」（《史記・六國年表》）。辛亥之後，山河破碎，中國的再統一，竟然還是從北方統一南方，再次應了司馬遷的話。

常任俠先生有詩，「東南王氣沉幽塚，西北浮雲隱玉關」。

徐悲鴻先生有詩，「山河百戰歸民主，鏟盡崎嶇大道平」。

二〇一四年四月二十三日寫於北京藍旗營寓所

書　名　思想地圖
叢　書　【我們的中國】
著　者　李　零
責任編輯　苗　龍
封面設計　謝　飛
出　版　三聯書店（香港）有限公司
香港北角英皇道四九九號北角工業大廈二十樓
Joint Publishing (H.K.) Co., Ltd.
20/F., North Point Industrial Building,
499 King's Road, North Point, Hong Kong
香港發行　香港聯合書刊物流有限公司
香港新界大埔汀麗路36號3字樓
版　次　二〇一八年七月香港第一版第一次印刷
規　格　十六開（170 × 230 mm）二七二面
國際書號　ISBN 978-962-04-4203-2

Published in Hong Kong
本書原由生活・讀書・新知三聯書店以書名《我們的中國》出版，經由原出版者授權本公司在除中國內地以外地區出版發行本書。